D1666096

Heike Busse
Zauberhaftes Lernen
Ein pädagogischer Leitfaden
für das Zaubern mit Kindern

*Neugier ist
die gespannte Angst,
dass es Wunder geben könnte.*

Anton Kuh

Liebe Eltern,
vergisst nicht, dass Eure Kinder eure Zukunft sind !
Konditioniert sie stets so, dass sie die Zukunft
- - die eine ganz andere sein wird, als es Eure war - -
ertragen können, die Ihr so liebevoll und vorbildlich
fürsorgevoll, schon heute für sie schafft.

Heike Busse

Zauberhaftes Lernen

**Ein pädagogischer Leitfaden für
das Zaubern mit Kindern**

borgmann

Die Ratschläge in diesem Buch sind von der Autorin und vom Verlag sorgfältig erwogen und geprüft, dennoch kann eine Garantie nicht übernommen werden. Eine Haftung der Autorin bzw. des Verlags und seiner Beauftragten für Personen-, Sach- und Vermögensschäden ist ausgeschlossen.

© 2002 verlag modernes lernen, Borgmann KG, D - 44139 Dortmund
Edition: borgmann publishing

2., durchges. Aufl. 2003

Gesamtherstellung: Löer Druck GmbH, D-44139 Dortmund

Grafiken: Matthias Reeck, Evelin Neuss (S.109-110, 114-116, 172-174), Ralf Höhne (Zauberhut)

Titelfoto (Kind): Christoph Triebold

 Bestell-Nr. 8317 ISBN 3-86145-262-6

Urheberrecht beachten!

Alle Rechte der Wiedergabe, auch auszugsweise und in jeder Form, liegen beim Verlag. Mit der Zahlung des Kaufpreises verpflichtet sich der Eigentümer des Werkes, unter Ausschluss des § 53, 1-3, UrhG., keine Vervielfältigungen, Fotokopien, Übersetzungen, Mikroverfilmungen und keine elektronische, optische Speicherung und Verarbeitung, auch für den privaten Gebrauch oder Zwecke der Unterrichtsgestaltung, ohne schriftliche Genehmigung durch den Verlag anzufertigen. Er hat auch dafür Sorge zu tragen, dass dies nicht durch Dritte geschieht. (Die S. 73, 100-103, 109-110, 114-116, 125, 129, 162-163, 172-174 stehen dem Käufer dieses Buches für den *nichtgewerblichen* Gebrauch als Kopiervorlagen zur Verfügung.)

Zuwiderhandlungen werden strafrechtlich verfolgt und berechtigen den Verlag zu Schadenersatzforderungen.

Inhalt

Vorwort 7

Zum Einstieg 9
    Wie Sie dieses Buch benutzen können 9
    Wie alles begann 10
    Wem ich danken möchte 10

Womit man sich vorweg beschäftigen sollte 11
    Magische Grundeffekte 13
    Denkentwicklung und Magie 15
    Lernchance: Zaubern 18
    Zum Zaubern anleiten 21

Worauf es ankommt 23

Zauberregeln und Zaubervertrag 25
    Die Zauberregeln 26
    Der Zaubervertrag 28

Auswahl der Zaubertricks 29
    Tabellarische und wertende Übersicht über die Tricks 30
    Vorschläge für die Auswahl der Tricks 32

Erarbeiten und Üben der Tricks 35
    Die Vorgehensweise ganz praktisch 36
    Lernchancen 39

Präsentation der Zaubertricks 41
    Arten der Präsentation 42
    Präsentationshilfen 44

Die Zaubervorstellung 47
    Anzahl und Abfolge der Zaubertricks 48
    Aufgaben der Anleiterin 48
    Orte für die Zaubervorstellung 51

Unterrichtseinheit „Zaubern" – eine Orientierungshilfe 53
    Wie fange ich an? 54
    Die folgenden Zauberstunden 56

Zauberkiste – öffne dich! 57

Zauberspiele im Kreis 59
    Magische Kräfte 60
    Stühle riechen 62
    Welcher Stuhl war es? 63
    Wer hat das Zauberbuch berührt? 65

Zaubertricks alphabetisch 67
    Die Knalltüte 68
    Drei Zauberscheren 70

Ein Geldstück verschwindet 74
　　　Gedankenlesen 78
　　　Hellseherische Kräfte 81
　　　Jungen- oder Mädchenname 83
　　　Magische Kiste 86
　　　Springender Schachtelgeist 89
　　　Streichholztrick 92
　　　Supergedächtnis 95
　　　Wie alt bist du? 97
　　　Zauberbanane 104
　　　Zauber-Bild-Karten I 107
　　　Zauber-Bild-Karten II 111
　　　Zauberpalme 117
　　　Zaubertüte 120
　　　Zauberwasser 126

Tricks für zwischendurch 131
　　　Der Bleistift fällt nicht um 132
　　　Die klebende Hand 134
　　　Domino-Stein gesucht 136
　　　Durch eine Postkarte steigen 138
　　　Zwei Gummiringe 140

„Juwelen" – Tricks, die Sie den Kindern nicht verraten sollten 145
　　　Das Hundert-Spiel 146
　　　Das magische Seil 148
　　　Der Letzte gewinnt 151
　　　Eine unglaubliche Vorhersage 154
　　　Wer nimmt das letzte Streichholz? 157

Was nützlich ist 159

Zauber-Zubehör 161
　　　Zaubervertrag: Kopiervorlage 162
　　　Zauberregeln in Kurzform: Kopiervorlage 163
　　　Zauberstab: Bastelanleitung 164
　　　Zauberkasten: Bastelanleitung 166
　　　Zauberumhang: Nähanleitung 167
　　　Zauberhut: Bastelanleitung 168

Zauber-Bilder 171
　　　Zauberin Kunigunde – Kopiervorlage 172
　　　Das versteckte Gespenst – Kopiervorlage 173
　　　Zauberdinge – Kopiervorlage 174

Literatur-Hinweise 175

　Zauberbücher 176
　Zauber-Pädagogik 178
　Zaubergeschichten 179
　Zauberlieder 180

Vorwort

ZAUBERN – ein pädagogisches Medium

Die Beschäftigung mit der Zauberkunst hat auch im Zeitalter modernster Technik und trotz der Allmacht des Computers nichts an Faszination verloren. ZAUBERN erfüllt in besonderem Maße Eigenschaften und pädagogische Ansprüche, die im Zeitalter elektronischer Spielzeuge immer mehr verdrängt werden.

ZAUBERN fördert – Fantasie und Kreativität – freies Sprechen – Selbstsicherheit – Handfertigkeiten – Konzentration – vermittelt Erfolgserlebnisse.

Das Buch „Zauberhaftes Lernen" von Heike Busse überzeugt durch liebevolle, pädagogisch wertvolle und fachkompetente Zusammenstellung. Zahlreiche Abbildungen ergänzen die leicht erfassbaren Anleitungen. Auch die Auswahl der Tricks ist gelungen. Durchweg erprobte – einfache aber wirkungsvolle Zauberexperimente.

Um den tieferen Sinn des Zaubern wusste schon der große Dichterfürst Johann Wolfgang Goethe. Er schenkte seinen Enkeln 1831 einen Zauberkasten und erläuterte:

> „Ich habe nichts darwider, dass die Knaben ihre müßigen Stunden mit solchen Thorheiten ausfüllen. Es ist ein herrliches Mittel zur Übung in freier Rede und Erlangung einiger körperlicher und geistiger Gewandtheit."

In meiner über 40 Jahre ausgeübten Tätigkeit als Fachautor und Zauberlehrer habe ich immer wieder erlebt, dass ein gelungener Zaubertrick für ein Kind – ein Baustein zur Persönlichkeitsbildung – sein kann.

Lassen Sie sich von der Fülle der – Zaubergeheimnisse – anregen und bereiten Sie sich und allen Zuschauern viel Spaß und Freude.

Viel Erfolg!

Martin Michalski
Fachautor Zauberkunst
Mitglied Magischer Zirkel Deutschland e.V.

Zum Einstieg

Wie Sie dieses Buch benutzen können

Beim Schreiben dieses Buches habe ich an alle pädagogisch interessierten Leserinnen und Leser gedacht, die erfahren möchten, wie man Kinder beim Zaubern anleiten kann. Ziel war es, meine langjährigen Erfahrungen im Zaubern mit Kindern zu einem pädagogischen Leitfaden zusammenzufassen.

Der Beginn des Buches bietet Ihnen theoretische Grundlagen und praktische Hinweise zum angeleiteten Zaubern. In dem Kapitel „Zauberkiste – öffne dich!" finden Sie zahlreiche geeignete Zaubertricks. Die Erklärungen der einzelnen Zaubertricks sind in einem immer gleichen Schema vorgenommen worden. Über einen ersten Gesamteindruck von dem Trickgeschehen, integriert in einen Präsentationsvorschlag, erhalten Sie in dem umrandeten Feld der Trickerklärungen Informationen darüber, welche Materialien benötigt werden und wie viel Zeit Sie für die Vorbereitung und Herstellung der Requisiten benötigen. Anschließend erfahren Sie, was Sie im Einzelnen tun müssen. Erst danach wird das Trickgeheimnis gelüftet. Diese Reihenfolge habe ich gewählt, weil Aspekte wie zeitlicher und materieller Aufwand für mich in meiner pädagogischen Arbeit wichtige Kriterien bei Entscheidung für oder gegen eine neue Sache sind. Wir müssen schließlich auch mit unserer Energie haushalten ... . So können Sie beim ersten Durchblättern schon entscheiden, ob Sie alle benötigten Materialien vorrätig haben und ob Ihnen der zeitliche Aufwand angemessen erscheint.

Die Rubrik „Lernchancen" soll helfen, auch unter diesem Aspekt eine schnelle Auswahl von Zaubertricks bezogen auf Ihre Zauberlehrlinge zu ermöglichen. Die Auflistung der Lernchancen erhebt keinen Anspruch auf Vollständigkeit, da je nach Kind und Situation die diesbezüglichen Möglichkeiten vielfältig sind.

Anregungen für Abwandlungen der Zaubertricks erhalten Sie jeweils unter der Rubrik „Variationen in der Präsentation" sowie „Ideen zu den Requisiten". Die Kenntnis solcher Möglichkeiten hilft Ihnen, die individuellen Lernausgangslagen Ihrer Zauberlehrlinge zu berücksichtigen.

Sämtliche Ausführungen zu den einzelnen Zaubertricks sind aus meiner pädagogischen Arbeit erwachsen. Die hier aufgeführten Tricks gehören zum sogenannten Allgemeingut der Zauberei. Das bedeutet, dass es sie teilweise schon seit mehr als 200 Jahren gibt. Leider sind die Urheber all dieser „Klassiker" meist nicht mehr zu ermitteln. Ihnen sei an dieser Stelle gedankt für das Vermächtnis der Vielfalt an Zaubertricks und das damit verbundene Vergnügen. Bei der Suche nach weiteren Zaubertricks werden Sie bestimmt in den Büchern fündig, die ich im Kapitel „Literatur-Hinweise" aufgeführt habe.

Vielleicht sind Sie beim Überfliegen des Inhaltsverzeichnisses auf den Punkt „Juwelen" gestoßen. Ganz kostbar – absolut geheim! Hier verbergen sich Tricks, die ich nur Ihnen und nicht den Kindern empfehlen möchte. Diese Zaubertricks können Ihnen so manches Mal in Ihrem beruflichen Alltag hilfreich sein ... .
Ich wünsche Ihnen, dass Sie mit diesem Buch Ihre Neugier und Freude am Zaubern mit Kindern entdecken können.

Wie alles begann

Nach meinem Studium der Sozialpädagogik war ich im Bereich der offenen Kinder- und Jugendarbeit tätig. Mit einem umgebauten alten Linienbus fuhren mein damaliger Kollege und ich in verschiedene Stadtteile einer Stadt im Ruhrgebiet. Auch bei schlechtem Wetter fuhren wir zu den einzelnen Standorten. An einem regnerischen Tag begann mein Kollege zu zaubern. Ich war hellauf begeistert. Dieses blieb jedoch ein einmaliges Ereignis, warum auch immer.
Nach einigen Jahren dieser Tätigkeit entschied ich mich für ein Zweitstudium, nämlich Lehramt für Sonderschulen. Während der zweiten Ausbildungsphase erinnerte ich mich an die Zaubereinlage meines Kollegen und erprobte das Zaubern im Unterricht. Schließlich schrieb ich meine Examensarbeit über das Zaubern mit Kindern.

Während der Auseinandersetzung mit dem Zaubern entdeckte ich meine Freude am Zaubern und meine Neugier auf weitere Zaubertricks sowie deren vielfältige Lernchancen. Und so war es um mich geschehen: Ich kam vom Zaubern nicht mehr los. Mit Vorschulkindern, in schulischen Arbeitsgemeinschaften, fächerübergreifend im Sachunterricht sowie in der Oberstufe einer Sonderschule für Lernhilfe zauberte ich. Meine pädagogische Zaubertätigkeit erstreckt sich mittlerweile auf Lehrerfortbildungen, Kurse in der Lehrerausbildung, Lehrveranstaltungen an der Universität sowie Workshops an einer privaten Theaterschule im Rahmen einer Fortbildung für Theaterpädagogik und Klinik-Clowns. Die Faszination ist für mich geblieben trotz langjähriger Tätigkeit als zaubernde Lehrerin.

Wem ich danken möchte

So ein Buch schreibt sich nicht von allein. Da ist natürlich die Autorin, aber das ist nicht alles. Viele Menschen hatten direkten oder indirekten Einfluss auf das Werden dieses Buches. Deshalb liegt es mir am Herzen, ihnen hier zu danken.

Danken möchte ich all meinen Schülerinnen und Schülern für ihre Begeisterung am Zaubern. Während ich sie unterrichtet habe, habe auch ich sehr viel gelernt. So haben sie mich zum Beispiel immer wieder herausgefordert, Zaubertricks so zu verändern, dass sie ihren Möglichkeiten entsprachen.
Danken möchte ich meinen ehemaligen Fortbildungsteilnehmerinnen und -teilnehmern, die mich auf die Idee brachten, ein Buch über das Zaubern mit Kindern zu schreiben. Zudem wurde mir durch ihre vielfältigen Fragen bewusster, welche Aspekte ihnen für die praktische Umsetzung wichtig sind. Danken möchte ich Martin Michalski für das Vorwort und seine liebenswürdige Art, mich und mein Vorhaben zu unterstützen sowie Johannes Gruntz-Stoll, der mich insbesondere in der Anfangszeit meiner Schreibphase ermutigte und mir mit wertvollen Tipps zur Seite stand.
Danken möchte ich Karola Bonk und Daniela Moritz für das Lesen und Durchsprechen der Manuskriptentwürfe und all jenen Ungenannten, die Auszüge lasen und Verbesserungsvorschläge machten.
Danken möchte ich Matthias Reeck und Evelyn Neuss für ihre klaren und schönen Zeichnungen und Frank Perrey, dem „Computer-Doktor", für seine fachkundige und schnelle Hilfe.

Mein besonderer Dank gilt meinem Mann, Ralf Höhne. Schon während der praktischen Erprobung des Zauberns erhielt ich von ihm immer wieder fachlich fundierte Anregungen hinsichtlich der Präsentation der Tricks. Er war mein größter Kritiker und Unterstützer. So begleitete er mich geduldig und zuversichtlich durch alle Höhen und Tiefen, die mich in der Zeit des Schreibens und Nachdenkens ereilten. Zudem nahm er lesend und kritisierend Anteil an den verschiedenen Stadien des Manuskriptes.

Womit man sich vorweg beschäftigen sollte

Zaubern ist von sich aus motivierend und übt auf Kinder wie auch auf Erwachsene einen hohen Reiz aus. Es macht Spaß zu zaubern.

Es stellen sich im Zusammenhang mit dem Erlernen von Zaubertricks vielfältige Fragen:

- Auf welchen Effekten beruhen Zaubertricks?
- Kann man auch mit Kindern im Kindergartenalter zaubern?
- Was kann man beim Zaubern lernen?
- Was sollte man bei der Anleitung zum Zaubern grundsätzlich beachten?

Antworten auf diese Fragen aufzuzeigen, ist Anliegen des ersten Kapitel.

Magische Grundeffekte

Martin Michalski hat gesagt: „Zaubern, das ist die Kunst der amüsanten Täuschung!" Eine gelungene Beschreibung, wie ich finde.
Es gibt mittlerweile eine nicht mehr zu überschauende Anzahl an Zauberkunststücken. Jedoch kann man die meisten von ihnen auf sieben Grundeffekte zurückführen und sich so einen gewissen Überblick verschaffen.

Magische Grundeffekte

1. Erscheinen und Verschwinden
2. Verwandeln
3. Platzwechsel
4. Zerstören und Wiederherstellen
5. Aufhebung der Schwerkraft
6. Mental-Magie
7. Rechenkunst

Nachfolgend sind diese sieben Grundeffekte kurz erläutert, wobei jeweils als Beispiel ein Trick aus diesem Buch angeführt wird.

Grundeffekte:

1. Erscheinen und Verschwinden
Die Zauberin lässt einen Gegenstand erscheinen und wieder verschwinden.
In dem Zaubertrick „Ein Geldstück verschwindet" lässt die Zauberin zunächst ein Geldstück verschwinden und anschließend wieder erscheinen. *siehe Seite 74*

2. Verwandeln
Ein Zauberrequisit verändert seine Größe, Farbe und kann sogar einen anderen Gegenstand durchdringen.
Auf diesem Effekt beruht der Zaubertrick „Durch eine Postkarte steigen". Eine Postkarte verändert mittels ein paar Schnitten mit einer magischen Schere ihre Größe, so dass die Zauberin durch sie hindurch steigen kann. *siehe Seite 138*

3. Platzwechsel
Ein oder mehrere Zauberrequisiten wechseln ihre Plätze.
In dem Zaubertrick „Zwei Gummiringe" wird ein Gummiring über Zeige- und Mittelfinger gelegt. Durch magischen Wind wechselt dieser seinen Platz und liegt über Mittelfinger und kleinem Finger. Das Ganze funktioniert auch dann, wenn mittels eines zweiten Gummirings eine Sperre um die Finger gebildet wird. *siehe Seite 140*

4. Zerstören und Wiederherstellen
Ein Zauberrequisit wird zerstört und mit Hilfe eines magischen Wortes wiederhergestellt.
Dieser Effekt liegt dem Zauberkunststück „Streichholztrick" zugrunde. Ein Streichholz wird von einem Zuschauer zerbrochen und von der Zauberin wiederhergestellt. *siehe Seite 92*

5. Aufhebung der Schwerkraft
Allen Naturgesetzen zum Trotz wird ein Gegenstand oder ein Mensch zum Schweben gebracht.
Diesem Grundeffekt entspricht kein Trick aus diesem Buch.

6. Mental-Magie
Zu diesem Effekt gehören alle Zaubertricks, welche die vermeintlichen übermäßigen gedanklichen Fähigkeiten einer Zauberin unter Beweis stellen.
Bei den zu diesem Bereich ausgewählten Zaubertricks beruht das Trickgeheimnis zum Teil auf bestimmten Rechenoperationen oder auf geheimen Absprachen.

siehe Seite 107: Zauber-Bildkarten I
siehe Seite 78: Gedankenlesen

7. Rechenkunst
Hierzu gehören alle Zaubertricks, welche die vermeintlich übermäßigen rechnerischen Fähigkeiten der Zauberin unter Beweis stellen. Dazu zählt der Zaubertrick „Eine unglaubliche Vorhersage".

siehe Seite 154

Im Rahmen dieses Buches gibt es noch eine weitere Kategorie an Zaubertricks, die sich den bisher genannten nicht zuordnen lässt. Es handelt sich um sogenannte Zauberwetten, bei denen die Zauberin stets gewinnt, da sie ihre Kenntnis über diverse physikalische Gesetze anwendet. Dies ist bei den Zaubertricks „Der Bleistift fällt nicht um" sowie „Die klebende Hand" der Fall.

siehe Seite 132 und Seite 134

Sollten Sie neugierig geworden sein und mehr erfahren wollen über magische Grundeffekte und vielleicht auch Grundlagen der Täuschung sowie die Geschichte der Magie, so empfehle ich Ihnen das zum Standardwerk der Zauberkunst gehörende Buch „Das große Buch vom Zaubern" von Martin Michalski.

siehe Seite 175: Literatur-Hinweise

Denkentwicklung und Magie

Warum empfinden wir etwas als magisch?
Bevor man sich von etwas verblüffen lassen kann, muss man eine Erwartung haben, wie es eigentlich sein sollte.
Bevor man eine Situation als unerklärbar erleben kann, bedarf es eines persönlichen Erfahrungswissens, wodurch sich bestimmte Dinge erklären lassen, zum Beispiel dass Wasser nie den Berg hinauf fließt. Wenn dann doch das Außergewöhnliche, das Unerklärbare geschieht, sind wir verblüfft und wollen es mit Hilfe unserer Erfahrungen und unseres Wissens erklären. Zauberei stellt die Naturerscheinungen auf den Kopf. Man weiß, so kann etwas nicht funktionieren. Man kommt aber nicht auf die Lösung des Problems, man kann es sich nicht erklären. Auf dieser Diskrepanz begründet sich die Zauberei und auch deren Reiz für den Zuschauer.

Häufig werde ich gefragt, mit Kindern welchen Alters man das Zaubern beginnen könne. Die Beantwortung dieser Frage hängt davon ab, wie die Kinder sich und ihre Umwelt wahrnehmen. Und es ist zu fragen, was müssen Kinder können, um selbst zu zaubern. Diesen Fragen soll im Folgenden nachgegangen werden. Dazu bedarf es zunächst eines Ausflugs in die Entwicklungspsychologie.

Da es beim Zaubern, wie oben beschrieben, zum einen um den Bereich „einen Trick durchschauen und verstehen" und zum anderen um den Bereich „einen Trick präsentieren" geht, sollen diese auch getrennt voneinander betrachtet werden, um daraus schließlich eine Empfehlung hinsichtlich der Altersangabe abzuleiten.

Entwicklungspsychologische Voraussetzungen zum Verstehen eines Zaubertricks

Der Entwicklungspsychologe Piaget hat festgestellt, dass es charakteristische Konzepte gibt, wie Kinder zwischen zwei und sechs Jahren Wissen aufnehmen und verarbeiten. Er nennt diese Konzepte Assimilation und Akkommodation. Assimilation bedeutet, dass das Kind gemachte Erfahrungen in bisherige Erfahrungen integriert oder anders gesagt: an ein geistiges Schema anpasst. So ist es vielleicht überzeugt davon, dass Steine ebenso wie Pflanzen wachsen. Wenn das Kind später dann erfährt, dass seine Annahme falsch war, differenziert sich seine Sichtweise in belebte und unbelebte Natur. Diese Anpassung der Erfahrungen an die Wirklichkeit nennt Piaget Akkommodation.
Kinder in diesem Stadium der geistigen Entwicklung neigen zu fehlerhaften Assimilationen. So nehmen sie unbelebte Gegenstände als belebt wahr. Sie unterstellen ihnen Willen, Motiv oder Intention. Dieses bezeichnet Piaget als animistische Deutungen.

animistische Deutungen

Bezogen auf das Zaubern bedeutet dieses, dass es für Kinder in diesem Entwicklungsstadium nichts Ungewöhnliches ist, wenn eine Münze verschwindet. Sie ist aus Kindersicht zum Beispiel einfach weggelaufen. Oder wenn ein zerbrochenes Streichholz plötzlich unversehrt ist, so ist es aus Kindersicht wieder zusammengewachsen.

Ohne einen gewissen Reifegrad in der geistigen Entwicklung und ohne Kenntnis naturwissenschaftlicher Zusammenhänge wird das Kind Ereignisse und Erscheinungen in der Umwelt dem Wirken höherer Kräfte zuschreiben oder gar Kräften, die den Dingen innewohnen.
Zauberei stellt wie gesagt die Naturerscheinungen auf den Kopf. Und erst, wenn Kinder dies erfassen können, können sie Zaubertricks als solche erkennen und versuchen, den Trickablauf zu durchschauen.

Die Psychologen Oerter/Montada (1998[4]) stellen zudem fest, dass Kinder ebenso wie Erwachsene davon ausgehen, dass ein Ereignis eine Ursache hat. Als Ursachen suchen sie im Vorschulalter nach plausiblen Ereignissen, die zeitlich dem Effekt vorangehen oder die mit ihm zeitlich zusammenfallen. Auf das Zaubern bezogen könnte dies das Antippen des Zauberrequisits mit dem Zauberstab sein. Im Gegensatz zum Erwachsenen meint das Kind jedoch, im Zauberstab stecke die Ursache, die magische Kraft, die den Zauber bewirkt hat. Das Kind kann noch nicht begreifen, dass die Zauberei mit einer bewusst hervorgerufenen Täuschung der Zuschauer arbeitet.

Solange ein Kind noch vorwiegend nach animistischen Lösungsansätzen für Naturerscheinungen sucht, wird es Zaubertricks als solche nicht erkennen. Je nach Entwicklungsstand des Kindes kann Zaubern dabei helfen, dass sich das kindliche Weltbild hin zu einem zunehmend realistischen Weltbild entwickelt.

Was bedeuten diese Feststellungen für die Praxis?
Zunächst sollte festgestellt werden, ob das Kind den Trickeffekt als solchen schon begreifen kann oder ob es noch zu sehr animistischen Deutungsmustern verhaftet ist. Dann sollten die Zaubertricks so ausgewählt sein, dass sie den kognitiven Möglichkeiten des Kindes entsprechen. Bei jüngeren Kindern wird es hilfreich sein, wenn man bei der Trickauswahl nur solche Tricks auswählt, bei denen lediglich ganz einfache Handlungen für die Trickdurchführung notwendig sind. Zudem sind solche Zaubertricks zu empfehlen, bei denen der eigentliche Trickmoment nicht im Verborgenen liegt. Das zaubernde Kind sollte alle Schritte, die zum Effekt führen, selbst sehen können um sich so ein realistisches Bild davon zu machen. Dies ist zum Beispiel bei dem Zaubertrick „Ein Geldstück verschwindet" der Fall. Das Kind kann bei diesem Zaubertrick sehen, wie das Geldstück langsam mittels der Abdeckung auf dem Glas verschwindet. Es erkennt auch, dass die Münze aus Zuschauerperspektive auf magische Weise verschwunden zu sein scheint. Es lernt, diese Täuschung zu durchschauen.
Im Kapitel „Auswahl der Tricks" finden Sie Vorschläge für eine Zuweisung der Zaubertricks zu verschiedenen Altersbereichen. Sollten Sie sich darüber hinaus für Zaubertricks für die jüngere Altersgruppe interessieren, so empfehle ich Ihnen das Buch „Zaubern mit kleinen Leuten".

Beispiel

siehe Seite 74: Zaubertrick

siehe Seite 32: Vorschläge für die Auswahl der Tricks

siehe Seite 175: Literatur-Hinweise

Entwicklungspsychologische Voraussetzungen hinsichtlich der Präsentation eines Zaubertricks

Hinsichtlich der Präsentation von Zaubertricks sollten die Kinder die Fähigkeit besitzen, sich in die Rolle des Zuschauers und damit seiner Sichtweise hineinzuversetzen. Nach Piaget befindet sich das Kind im Alter zwischen zwei und sechs Jahren in dem Stadium des voroperatorischen, anschaulichen Denkens. Piaget bezeichnet Kinder in diesem Stadium als egozentrisch. Er versteht

kindlicher Egozentrismus

darunter, dass Kinder dieses Alters unfähig sind, sich in die Rolle eines anderen hineinzuversetzen oder die eigene Sichtweise als eine unter verschiedenen Möglichkeiten zu begreifen. Der kommunikative Egozentrismus wird dadurch überwunden, dass das Kind allmählich Kompetenzen zur Perspektiven- und Rollenübernahme entwickeln.

Zaubern kann so betrachtet einen Beitrag leisten zur Überwindung des kindlichen Egozentrismus. Indem das zaubernde Kind beim Üben eines Zaubertricks stets auch die Perspektive des Zuschauers mit berücksichtigen muss, übt es sich in der Betrachtung unterschiedlicher Wahrnehmungsperspektiven. Das Kind lernt bei jeder sprachlichen Darbietung von Zaubertricks, sein Reden so auf die Zuschauer abzustimmen, dass diese die Ausführungen verstehen und die Aussagen nicht nur für Eingeweihte verständlich sind. Dies spielt insbesondere bei solchen Zaubertricks eine Rolle, bei denen eine direkte Einbeziehung der Zuschauer vorgesehen ist. Das zaubernde Kind lernt zu unterscheiden zwischen den Informationen, die die Zuschauer bekommen müssen, damit sie mitspielen können und denen, die unbedingt geheim zu halten sind. *siehe Seite 30: Tabelle Übersicht über die Tricks*
Die egozentrische Sichtweise erstreckt sich auch auf den Wahrnehmungsbereich. Bezogen auf die visuelle Wahrnehmungsperspektive lernt das Kind, dass Gegenstände und Bewegungen aus unterschiedlichen Blickwinkeln verschieden wahrgenommen werden.
Verstehen Kinder all diese Zusammenhänge noch nicht, so ist es wie beim Erzählen eines Witzes, dessen Pointe man selbst nicht verstanden hat und folglich nicht weiß, worauf es ankommt.
So ist also die Fähigkeit, sich in den Zuschauer hineinzuversetzen, notwendig, um zu erkennen, was der Zuschauer auf keinen Fall sehen darf, damit er das Geheimnis nicht durchschaut. Nehmen wir als Beispiel noch einmal den Trick „Ein Geldstück verschwindet": Hier darf der Zuschauer nicht bemerken, dass das Glas mit Papier zugeklebt wurde. Diese Einsicht hat direkte Auswirkungen auf die Handhabung des Zauberrequisits. Das Kind wird sich überlegen, wie es das Zauberglas möglichst natürlich vom Requisitentisch tragen kann, ohne dass die Zuschauer die zugeklebte Glasöffnung erkennen. Auch wird es nach Lösungen suchen, wie es die Zuschauer vom eigentlichen Trickmoment ablenken kann. *Beispiel*

Die Kinder sollten wissen, dass Zauberer nicht wie im Märchen mit übernatürlichen Kräften ausgestattet sind, sondern dass sie ganz normale Menschen sind. Selbst Zauberer zu sein heißt, die Dinge beeinflussen zu können. Für den Zauberer ist es ein Vergnügen, andere zu verblüffen. Durch den Wissensvorsprung, den das zaubernde Kind gegenüber Uneingeweihten hat, erfährt es eine gewisse Aufwertung seiner Person. Zauberer zu sein bedeutet, dass man viel üben muss, um andere so zu täuschen, dass sie meinen, man wäre ein Zauberer. Dieses gedanklich nachzuvollziehen verlangt von den Kindern einen gewissen Reifegrad. Meiner Meinung nach haben sie dann erst richtig Spaß am Zaubern und der Präsentation vor Publikum. Nach Oerter/Montada (1998[4]) erkennen 4jährige und ältere Kinder in Spielsituationen den Nutzen einer Täuschungsstrategie und mogeln mit Vergnügen. Dieses „Mogeln mit Vergnügen" ist meiner Erfahrung nach Voraussetzung für eine gelungene Trickpräsentation, in der es um eine bewusste Täuschung der Zuschauer geht. *täuschen mit Vergnügen*
Wer sich eingehender mit diesem Thema beschäftigen möchte, dem sei das Buch „Entwicklungspsychologie" von Oerter/Montada (1998[4]) empfohlen.
Vor dem Hintergrund des in diesem Kapitel Gesagten und meinen Erfahrungen im Zaubern mit Vorschulkindern empfehle ich, mit Kindern ab 5 Jahren – nach individuellem Entwicklungsstand – das Zaubern zu beginnen. *siehe Seite 175: Literatur- Hinweise*

Lernchance: Zaubern

Das Erlernen von Zauberkunststücken stellt einen komplexen Lernprozess dar, in dessen Verlauf unterschiedliche Fähigkeiten und Fertigkeiten eingesetzt, geübt und neu erworben werden. Um ein Zauberkunststück mit Erfolg darbieten zu können, muss man

Zaubern lernen als komplexer Lernprozess

- ... Einsicht gewinnen in die Tricktechnik, d.h. die einzelnen Handlungsschritte erkennen und deren Zusammenhänge durchschauen. Dadurch verfügt der Zauberer über zentrale Voraussetzungen, um seine Handlungen beim Zaubern zu planen und im chronologisch richtigen Ablauf nahtlos miteinander zu verbinden. Zudem ist logisches Denkvermögen notwendig, um solche Elemente und Einzelhandlungen der Zaubertricks zu erkennen, die während der Gesamthandlung für den Zuschauer nicht wahrnehmbar sein dürfen oder von denen abgelenkt werden muss, da sie sonst das „Geheimnis", das eigentliche Trickgeschehen offen legen würden. Dabei muss sich der Zauberer in die Rolle des Zuschauers hineinversetzen, um diese Aspekte ausreichend berücksichtigen zu können;

- ... über motorische Fähigkeiten und Fertigkeiten zur Umsetzung der Handlungsschritte verfügen. Dies sind vorwiegend feinmotorische Fähigkeiten im Bereich Auge-Hand-Koordination sowie die Bewegungskoordination von feinmotorischen Bewegungsabläufen. Diese Aspekte werden auch bei der Herstellung der notwendigen Zauberrequisiten gefordert;

- ... Anstrengungsbereitschaft, Ausdauer, Geduld, Konzentration, Frustrationstoleranz und Kreativität aufbringen, um die Requisiten herzustellen und um durch üben und wiederholen sicher in der technischen Durchführung des Tricks zu werden;

- ... die Präsentation ausarbeiten, d.h. den Zaubertrick spannend und interessant darbieten durch mimische, gestische, sprachliche oder musikalische Begleitung. Dazu ist Voraussetzung, dass der Zauberer über Freude und Spaß an der Selbstdarstellung vor einem Publikum verfügt. Ist die Präsentation so gewählt, dass der Zauberer mit einem Assistenten zusammenarbeitet, so sollte dies in angemessen freundlicher Weise geschehen. Auch das Einbeziehen eines Zuschauers erfordert entsprechende Umgangsweisen mit ihm.

Erarbeitet man Zaubertricks innerhalb einer Gruppe mit dem Ziel der gemeinsamen Zaubervorstellung, so sollte jeder Zauberlehrling Verantwortung übernehmen können für sein Verhalten und das Gelingen seines Zaubertricks. Alle Zauberlehrlinge sollten sich als Teil der Gesamtgruppe erleben und somit einen Beitrag leisten zum Gelingen des gemeinsamen Vorhabens. Zudem ist Hilfsbereitschaft und Zusammenarbeit mit einem Partner erforderlich bei der Herstellung und beim Üben der Tricks. Außerdem ist Kritik geben und nehmen hilfreich bei der Erarbeitung der Präsentation.

Erarbeitung in einer Gruppe

Zaubern stellt eine echte Lernchance dar und kann zur Förderung der Entwicklung in verschiedenen Bereichen beitragen. Die wesentlichen Förderbereiche, die beim Zaubern angesprochen werden, sind nachfolgend zusammengestellt:

im sozial-emotionalen Bereich
- Ich-Stärke
- Selbstvertrauen
- Selbstbewusstsein
- positive Selbstdarstellung
- Eigentätigkeit
- Wir-Gefühl
- Kooperationsfähigkeit
- Frustrationstoleranz
- Hilfsbereitschaft
- Motivation
- Lernbereitschaft
- Anstrengungsbereitschaft
- Konzentration
- Ausdauer
- Verantwortungsbewusstsein
- Einhaltung von Regeln
- Kritik geben und nehmen
- Phantasie
- Kreativität
- mimisch-gestische Ausdrucksfähigkeit
- Darstellungsbereitschaft
- Perspektiven- und Rollenübernahme

im psychomotorischen Bereich
- Wahrnehmungsvermögen
- Auge-Hand Koordination
- Bewegungskoordination
- Handgeschicklichkeit
- Feinmotorik

im verbalen Bereich
- Sprechfreude
- Sprachverständnis
- sprachlicher Ausdruck
- kreatives Sprachhandeln

im kognitiven Bereich
- problemlösendes Denken
- logisches Denken
- Merkfähigkeit
- Erkennen von Zusammenhängen
- Erkennen von Handlungsabläufen
- Handlungsplanung
- vorausschauendes, planerisches Denken
- situationsgerechtes Handeln

Förderbereiche

All diese Fähigkeiten sind beim Zaubern als Voraussetzung gefordert und sie werden gleichzeitig auch gefördert. Zaubern ist demnach ein ganzheitlicher Aneignungsprozess mit vielfältigen Lernanforderungen und Lernchancen. Diese Lernchancen wahrzunehmen und zu nutzen ist mir ein wichtiges Anliegen. Durch das interessante Medium Zaubern sind die Kinder häufig bereit zu lernen, auch in den Bereichen, in denen sie Lernblockaden aufgebaut haben. Warum ist das so?

Zaubern als ganzheitlicher Aneignungsprozess

Zaubern ist hoch motivierend, weil es mit der Zielvorstellung verbunden ist, anderen etwas vorzuführen, was diese nicht können, also einen Wissens- und

Könnensvorsprung zu haben. Ich erinnere mich gerne an eine Zaubervorstellung meiner damaligen Klasse 3/4 einer Sonderschule für Lernhilfe. Zuschauer waren ca. vierzig Schüler einer benachbarten Grundschule. Wie stolz waren meine Zauberlehrlinge darauf, den Grundschülern etwas vorführen zu können. Und vor allem: Jetzt waren sie es, die einen Wissensvorsprung hatten, wo es doch sonst allzu häufig umgekehrt war.

Zaubern motiviert

Durch die damit einhergehende Bewunderung und Anerkennung erfährt das zaubernde Kind eine Aufwertung seiner Person, gewinnt an Selbstvertrauen und Ich-Stärke. Diese Perspektive, ob dem Kind bewusst oder unbewusst, stärkt die Motivation für die noch erforderliche Mittelhandlung, nämlich das Lösen des Trickgeheimnisses, das Herstellen der Requisiten und das Üben. Aebli (1993) spricht in diesem Zusammenhang davon, dass die Energie von der Zielvorstellung in die Mittelhandlung fließt. Die Zielhandlung, hier das Beherrschen und Vorführen eines Zaubertricks, ist für das Kind hoch interessant, das Kind ist hoch motiviert. Die Mittelhandlung ist nur deshalb interessant, weil sie der Zielerreichung dient. Hier wird deutlich, warum Kinder bereit sind, Lernanstrengungen auf sich zu nehmen.

Für mich sind die Lernchancen hinsichtlich des sozial-emotionalen Lernens im Zusammenhang mit dem Zaubern am Bedeutsamsten.
Folgendes schrieb mir hierzu eine ehemalige Kursteilnehmerin über ihre Praxiserfahrungen:
„Wir haben letzte Woche begonnen zu zaubern und ich kannte meine Schüler nicht mehr ... sie arbeiteten zusammen und halfen sich gegenseitig, waren stundenlang gefesselt und kein einziger hatte die sonst so typischen Schulausraster."

Beispiel aus der Praxis

Nach der Beendigung des Projektes erreichten mich folgende Zeilen:
„Ich hatte immer wieder solche schönen Momente, in denen meine Schüler sich so sozial und begeistert verhielten. Ich hatte das Gefühl, sie haben enorm viel gelernt, so zum Beispiel die Verantwortung für ihr Tun und ihre Ideen zu übernehmen oder Sorge zu tragen für ihr Material ... ."
Diese Lernchancen im sozial-emotionalen Bereich sind für mich von unschätzbarem Wert. Zaubern ist eine Möglichkeit, gemeinsam zu lernen, und das mit Freude, Spaß und Intensität. Und dieses gemeinsame Lernen bezieht sich auf die Zauberlehrlinge untereinander und auf mich die Anleiterin gemeinsam mit ihnen. So entdecke ich neue Seiten an meinen Schülern und sie an mir. Für ein manchmal festgefahrenes Beziehungsmuster eine Bereicherung und eine Chance, eine Veränderung im Zusammenspiel herbeizuführen.

Aber: Bei aller Begeisterung für die Sache darf man nicht vergessen, dass auch Zaubern kein Allheilmittel ist. Alle Chancen können nur dann voll genutzt werden, wenn auch Sie als Anleiterin* mit Begeisterung an die Sache herangehen. So wird aus dem Projekt „Zaubern" das Projekt „Wir zaubern".

Zaubern ist kein Allheilmittel

Hilfreich ist, wenn es ein reichhaltiges Angebot an geeigneten Zaubertricks gibt. Dadurch können Sie als Anleiterin entsprechend der individuellen Interessen und Lernausgangslagen geeignete Zaubertricks für ihre Zauberlehrlinge auswählen. Die in späteren Kapiteln dargestellten Zaubertricks sollen ein Beitrag sein, Ihnen diesbezüglich ein breit gefächertes Trickrepertoire zur Verfügung zu stellen, so dass Sie damit ihr erstes Projekt starten können.

---

* Die in diesem Buch verwendete weibliche Form soll der hohen Anzahl der im pädagogischen Bereich arbeitenden Frauen Rechnung tragen. Selbstverständlich sind aber auch die männlichen Leser damit angesprochen.

Zum Zaubern anleiten

Zaubern mit Kindern verstehe ich als angeleitetes oder pädagogisches Zaubern. Beide Begriffe verwende ich hier synonym. Ausgangsbasis für pädagogisches Zaubern ist, die Lernchancen, die das Zaubern bietet, wahrzunehmen und zu nutzen. Durch den hohen Aufforderungscharakter, den das Zaubern für alle Beteiligten hat, ist ein guter Nährboden für umfangreiches und motiviertes Lernen geschaffen.

siehe Seite 18

Besonders am Herzen liegt mir dabei, dass die Zauberlehrlinge Könnenserfahrungen machen. So ist schon bei der Auswahl der Tricks zu berücksichtigen, dass diese in ihren Anforderungen den Lernvoraussetzungen der Zauberlehrlinge entsprechen.

Für die Auswahl der Zaubertricks haben sich daher folgende Kriterien bewährt:

- kindgemäß in Handhabung, Requisiten und Ablauf,
- einfache Handhabung der Requisiten,
- einfache Herstellung der Requisiten,
- Requisiten aus Alltagsmaterialien,
- Trickgeheimnis kognitiv leicht erfassbar,
- einfache Handlungsabläufe der Trickdarbietung,
- geringe Übungszeit,
- für die Vorführung vor einem Publikum mit 20-30 Zuschauern geeignet,
- hoher Verblüffungseffekt für die Zuschauer.

Kriterien für die Auswahl von Zaubertricks

Dass die Requisiten aus Alltagsmaterialien hergestellt werden, hat für die pädagogische Arbeit eine hohe Bedeutsamkeit. Mir ist wichtig, dass die Kinder möglichst selbständig und ohne hohe Kosten ihre Requisiten herstellen können. Damit verbunden ist auch die Hoffnung, dass sie merken, man muss nicht viel Geld haben, um andere zu verblüffen. Geld ist nicht alles und der Wert eines Gegenstandes bemisst sich nicht allein an dessen Kaufwert, sondern auch an dem individuellen Wert, den man ihm gibt.

Requisiten aus Alltagsmaterialien

Zudem: Ist einmal ein Requisit defekt, so kann es der Zauberlehrling kompetent reparieren oder ersetzen, da er mit dessen Herstellung vertraut ist und das Material meist im Haushalt vorhanden ist. Und jedes Kind, unabhängig von dem ihm zur Verfügung stehenden finanziellen Mitteln kann zaubern.

Um die Lernchancen wahrzunehmen und zu nutzen, sind Sie als Anleiterin der Dreh- und Angelpunkt.

Als Anleiterin sollten Sie motiviert sein, sich verschiedene Zaubertricks anzueignen. Wer zum Zaubern anleiten will, muss die Sache selber so gut ausprobiert haben, dass er sie beherrscht, er muss ein Stück Zauberschule selbst durchlaufen haben. Beim Zaubern ist es wie mit anderen Dingen. Oder haben Sie schon mal eine Geschichte vorgelesen, die Sie nicht kennen? Das wird nichts!

Zauberschule für die Anleiterin

Also, Sie müssen sich selber die Tricks aneignen, sich damit wohlfühlen und die Wirkung ausprobieren. Dann sind Sie bereit, es mit Kindern durchzuführen. Zum Lernen von Zaubertricks muss man eine Art „Zauberintelligenz" entwickeln. Man muss merken, worauf es bei dem Trick ankommt. Beim Lesen scheint einem alles klar zu sein, doch bei der Umsetzung fragt man sich häufig „Wie geht das genau?". Die Tücke sitzt nämlich im Detail!

Zaubertricks selber ausprobieren

Demzufolge sind für dieses Buch nur solche Zaubertricks ausgewählt worden, die Sie sich als Zauber-Anfängerin leicht aneignen können. Unkomplizierte Trickabläufe und einfache Herstellung sowie Handhabung der Requisiten ermöglichen eine lustvolle Auseinandersetzung mit der Aneignung der Tricks. Für sämtliche hier aufgeführten Zaubertricks benötigen Sie nur eine geringe Vorbereitungszeit. Somit ist ein Ausprobieren im Vorfeld nicht sehr aufwändig. Die Zeitangaben bei den einzelnen Trickbeschreibungen beziehen sich auf Erwachsene. Und der Erfolg einer gelungenen Präsentation zum Beispiel im häuslichen Umfeld oder im Kolleginnenkreis belohnt Sie für die Mühe und motiviert vielleicht und hoffentlich, sich weitere Zaubertricks anzueignen.

Tricks für Zauber-Anfänger

Der nächste Schritt für Sie als Anleiterin wäre, die Tricks entsprechend den Voraussetzungen Ihrer Zauberlehrlinge verändern zu können. Zunächst werden Sie vermutlich auf meine Beispiele dazu angewiesen sein. Dazu finden Sie am Ende jeder Trickbeschreibung in diesem Buch Vorschläge. Nach und nach werden Ihnen selbst Veränderungen einfallen, die individuell auf einzelne Zauberlehrlinge zugeschnitten sind. So können Sie individuelle Lernausgangslagen noch stärker berücksichtigen und Lernchancen nutzen. Mit wachsender Erfahrung wird Ihnen die Auswahl von weiteren geeigneten Zaubertricks aus anderen Zauberbüchern sicherer gelingen.

Tricks variieren können

siehe Seite 175: Literatur-Hinweise

Durch Ihre eigene Neugier kann die Erarbeitung, das Üben und Vorführen der Zaubertricks mit Spaß und Freude geschehen. Diese positive Grundstimmung wird sich auf Ihre Zauberlehrlinge übertragen, sie ist nämlich wünschenswert ansteckend!

Worauf es ankommt

Hier erfahren Sie etwas über bewährte Schritte von der Erstbegegnung der Kinder mit dem Zaubern bis hin zur Zaubervorstellung. Dazu zählen Zauberstab und Zauberumhang ebenso wie Zauberregeln und Zaubervertrag. Die Ausführungen beziehen sich auf das konkrete Vorgehen mit Kindern, beginnend mit Ihrer Auswahl der Tricks, der Erarbeitung dieser mit den Zauberlehrlingen, das Herstellen der Zauberrequisiten, über das Üben, die Arten der Präsentation bis hin zu der abschließenden Zaubervorstellung.

Zauberregeln und Zaubervertrag

Damit eine Zaubervorstellung möglichst wirkungsvoll abläuft, muss jeder Zauberer bestimmte Zauberregeln kennen und einhalten. Es sind sieben Zauberregeln; was sie beinhalten sowie Tipps für ihre praktische Umsetzung finden Sie auf den nächsten Seiten. Wichtig ist aber auch der Zaubervertrag, in dem sich Zauberlehrlinge auf das Einhalten wichtiger Regeln verpflichten.

Die Zauberregeln

Warum gibt es überhaupt diese Zauberregeln? Nun, Zauberei ist – kurz gesagt – eine Täuschung der menschlichen Sinne. Und um dieses zu erreichen, muss der Zauberer bei seiner Vorführung die Aufmerksamkeit seiner Zuschauer geschickt auf das Unwesentliche lenken, um das Wesentliche zu verschleiern. Das Wesentliche ist nämlich der eigentliche Trickmoment, der Moment, in dem alles passiert, der Rest ist Ablenkung. Und alle aufgeführten Zauberregeln sollen eine Hilfe sein, um das Ziel, die Sinne der Zuschauer zu täuschen, zu erreichen.

Die Zauberregeln gibt es noch aus einem weiteren Grund: Zaubern ist eine geheimnisvolle Kunst; wer eingeweiht werden will, muss sich an bestimmte Regeln halten. Die nachfolgend aufgeführten Zauberregeln finden Sie u.a. auch in den Zauberbüchern von Martin Michalski.

siehe Seite 175: Literatur-Hinweise

Die Zauberregeln

1. Üben ist wichtig
2. Keine Wiederholungen
3. Stets die Ruhe bewahren
4. Den richtigen Standort wählen
5. Zauberutensilien sicher aufbewahren
6. Die richtigen Tricks auswählen
7. Niemals einen Trick verraten

1. Zauberregel: Das Üben ist wichtig
Bevor man einen Zaubertrick vorführt, muss er intensiv geübt werden. Üben sollte man sowohl den tricktechnischen Ablauf wie auch die Art der Präsentation.

2. Zauberregel: Keine Wiederholungen
Dies bedeutet, dass kein Trick vor dem gleichen Publikum zweimal vorgeführt werden sollte. Denn: Die Gefahr der Enttarnung des Trickgeheimnisses ist zu groß und die Wirkung des Zaubertricks, die Verblüffung, das Staunen werden geschmälert.

3. Zauberregel: Stets die Ruhe bewahren
Bei der Vorführung vor Publikum kann einem Zauberlehrling und sogar einem Zauberer trotz intensivstem Üben schon mal etwas schief gehen. Dadurch darf man sich aber nicht aus der Fassung bringen lassen, sondern sollte versuchen, den Trick zu retten.

siehe Seite 48: Aufgaben der Anleiterin

4. Zauberregel: Den richtigen Standort wählen
Damit die Zuschauer keine Einblicke in Dinge erhalten, die im Verborgenen bleiben sollten, sind ein paar grundsätzliche Tipps zu beherzigen. Zunächst sollte man darauf achten, dass sich kein Zuschauer seitlich oder hinter dem Zaubertisch aufhält.

Als Faustregel bei unseren Kinder-Zauber-Vorführungen gilt, dass der Abstand zwischen Zaubertisch und Zuschauern ca. drei Meter betragen sollte. Meiner

Erfahrung nach sind drei Meter Abstand oder drei große Kinderschritte die richtige Distanz zwischen Zauberern und Publikum. Die Zuschauer sitzen weit genug entfernt vom Ort des Geschehens, um verborgene Hilfen für die kleinen Zauberer nicht zu sehen. Sie sitzen aber noch nah genug, damit der Zauberer mit ihnen in Kontakt treten kann.

5. Zauberregel: Zauberutensilien sicher aufbewahren
Man sollte alle Zauberutensilien vor und nach der Zaubervorstellung sicher aufbewahren. Empfohlen wird das Einschließen in einen Zauberkoffer, um die Zaubersachen vor neugierigen Zuschauern zu verbergen.
Ich empfehle Ihnen, alle für die Vorführung benötigten Zauberutensilien geordnet auf einen Requisitentisch legen zu lassen und diesen vor und nach der Vorstellung mit einem Tuch abzudecken

siehe Seite 49: Die Vorbereitung der Vorführung

6. Zauberregel: Die richtigen Tricks auswählen
Man sollte nur solche Tricks für die Vorführung auswählen, die man schon sicher beherrscht. Denn Lampenfieber und Aufregung vor und bei der Vorführung lassen schon mal etwas schief gehen, auch wenn es noch so gut geübt wurde.

7. Zauberregel: Niemals einen Trick verraten
Dieses ist das oberste Gesetz der Zauberei. Und das muss man den angehenden Zauberern auch bewusst machen. Wenn nämlich alle Zuschauer das Trickgeheimnis schon kennen, geht der Reiz des Besonderen verloren und die ganze Vorführung wird für sie langweilig. Welche Enttäuschung wäre das nach der anstrengenden Vorbereitung!

All diese sieben Zauberregeln sind wichtig. Für die Arbeit mit Kindern sind sie meiner Meinung nach von der sprachlichen Formulierung zu umfangreich. Wichtig ist deshalb, dass Sie sich als Anleiterin alle Regeln einprägen, um die Zauberlehrlinge so anleiten zu können, dass ihr zukünftiges Verhalten darauf ausgerichtet ist. Die Regeln lassen sich im Unterricht quasi nebenbei der jeweiligen Situation entsprechend einbinden. Durch dieses Einbringen in Sinnzusammenhänge kann den Kindern die Bedeutung ihres Handelns bewusst und einsichtig werden.

siehe Seite 163: Kurzform der Zauberregeln (Kopiervorlage)

Einer meiner Schüler hat die drei wesentlichen Regeln treffend formuliert:
- nichts verraten
- üben
- Abstand 3 Meter

Zur Visualisierung dieser Regeln schreibe ich diese gemeinsam mit den Kindern in Zauberschrift, d.h. besonders geformte Buchstaben, groß auf Paketpapier und befestige dieses im Klassenraum an der Wand. Solch ein Plakat macht schon einen wahrhaft magischen Eindruck.

Der Zaubervertrag

Der Zaubervertrag erinnert alle Zauberlehrlinge an die Einhaltung der Zauberregeln.

Die Einhaltung des Zaubervertrages übt auch das Bewahren eines Geheimnisses. Dies ist eine wichtige Fähigkeit, wie ich meine. Aber man sollte den Kindern auch ein Ventil geben, wodurch sie den Stolz auf ihr Wissen anderen kundtun können. Sie können ihnen zum Beispiel sagen: „Du darfst einer Person, der du vertraust, einen Trick verraten. Diese Person darf ihn aber nicht weiter verraten!" Ein Gespräch über den Begriff Vertrauen kann an dieser Stelle sinnvoll sein. Sollten es beide Elternteile sein, die ein Kind für vertrauenswürdig hält, so ist das natürlich gestattet. Es bietet sich an, die Kinder nach einer kurzen Zeit des Überlegens einzeln danach zu befragen. So können Unklarheiten vermieden werden.

ein Geheimnis bewahren

Und was geschieht, wenn man doch einmal etwas verraten hat? Das kann im Zaubereifer schon mal passieren. Am besten ist es, der Zaubergruppe davon zu erzählen. Diese überlegt dann gemeinsam, ob zum Beispiel dadurch die geplante Vorführung gefährdet ist und was zu tun ist.
Ich halte es für sehr wichtig, dass die Kinder lernen, für ihre Fehler geradezustehen. Dies ein kleiner Beitrag in diese Richtung. Ein weiterer sehr wichtiger Aspekt bezogen auf das Wahrens eines Geheimnisses liegt im Bereich der Prävention. Es ist wichtig für Kinder, zwischen sogenannten guten und schlechten Geheimnissen unterscheiden zu lernen.
Des Weiteren sollte sich jeder Unterzeichner des Vertrages überlegen, ob er diese Vertragsbedingung einhalten kann und möchte. Denn dies ist Voraussetzung für die Teilnahme am Zaubern. Hiermit wird die Selbstverantwortung jedes einzelnen für sein Handeln angesprochen. Wenn alle Kinder den Zaubervertrag unterschrieben haben, sind sie quasi berechtigt, untereinander Tricks auszutauschen und zu fachsimpeln. Da dieser Austausch auf die Lerngruppe beschränkt ist, kann der Zaubervertrag indirekt einen Beitrag leisten zur Bildung und Festigung des Wir-Gefühls einer Gruppe und zur Stärkung der Gemeinschaft.
Aber Vorsicht vor Übertreibungen: Auf keinen Fall sollte man das Zaubern mystifizieren. Das macht nur Angst und trägt in keiner Weise zu einer sachlichen Sicht der Dinge bei.

Jeder Zaubervertrag sollte auf die Lesefähigkeit der Kinder abgestimmt sein. Von daher werden Sie vielleicht einen Zaubervertrag individuell für Ihre Lerngruppe gestalten wollen. Dazu ein Tipp: In der Beliebtheitsskala ganz oben steht bei meinen Zauberlehrlingen ein Zaubervertrag, geschrieben in goldener Schrift auf schwarzem Tonpapier.
Der Zaubervertrag sollte in jeder Zauberstunde aufgehängt werden, als Ritual und zur Erinnerung.

Seite 162: Zaubervertrag, (Kopiervorlage)

Auswahl der Zaubertricks

Die richtige Auswahl der Tricks ist wesentlich für den Erfolg der Zauberlehrlinge. Was sind nun geeignete Tricks? Es sind solche, die in Beschaffung, Herstellung und Handhabung der Zauberrequisiten einfach, in der Vorführung aber effektvoll sind. Selbstverständlich müssen sie auch altersangemessen sein. Alle nachfolgend ausführlich dargestellten Tricks entsprechen diesen Kriterien, und sind geeignet für eine Vorführung vor zwanzig bis dreißig Personen.
Eine Übersicht soll die Auswahl und Zusammenstellung geeigneter Tricks für eine wirkungsvolle Präsentation erleichtern.

Liebe Eltern,
vergisst nicht, dass Eure Kinder eure Zukunft sind !
Konditioniert sie stets so, dass sie die Zukunft
- - die eine ganz andere sein wird, als es Eure war - -
ertragen können, die Ihr so liebevoll und vorbildlich
fürsorgevoll, schon heute für sie schafft.

Tabellarische und wertende Übersicht über die Zaubertricks

Auf den folgenden Seiten sind die ausführlich dargestellten Zaubertricks aus dem Kapitel „Zaubertricks alphabetisch" aufgeführt. Es handelt sich hierbei um eine Grobeinschätzung der Lernanforderungen in Bezug auf die einzelnen Zaubertricks.
Diese Einschätzung soll Ihnen einen ersten Überblick über die für Ihre Lerngruppe in Frage kommenden Zaubertricks ermöglichen.
In der ersten Spalte finden Sie einen Hinweis darauf, für welchen Altersbereich der jeweilige Zaubertrick vorwiegend geeignet ist. Dieser Angabe liegt die Auffassung zugrunde, dass Altersangaben nicht absolut zu sehen sind, sondern stets an dem individuellen Entwicklungsstand des Kindes orientiert werden müssen. Dementsprechend können diese Angaben nur grobe Hinweise sein. Die anderen Spalten betreffen die Anforderungen, welche ein Trick stellt sowie die Herstellung der Requisiten und die Präsentation des Tricks. In der letzten Spalte sind die Seitenangaben zu den einzelnen Tricks aufgeführt.

Bedeutung der Symbole in der Tabelle:

✻	wenig	▲	gering	✓	ja
✻✻	mittel	▲▲	mittel		
✻✻✻	viel	▲▲▲	hoch		

	Altersbereich	Der Trickablauf und seine Erarbeitung	kognitive Anforderungen	feinmotorische Anforderungen	schriftsprachliche Anforderungen	rechnerische Anforderungen	Übungszeit	Herstellung der Requisiten	Ausdauer und Konzentration	feinmotorische Anforderungen	Präsentation des Tricks	mit einem Partner sinnvoll	musikalische Begleitung möglich	sprachliche Begleitung	das Publikum einbeziehen	Seite im Buch
Die Knalltüte	ab 5		▲	▲			✻		✻✻	✻			✓			68
Drei Zauberscheren	ab 5		▲	▲		✻✻			✻	✻✻		✓		✓		70
Durch eine Postkarte steigen *	ab 5		▲	▲		✻✻			✻✻	✻✻		✓		✓		138
Ein Geldstück verschwindet	ab 5		▲	▲		✻✻			✻	✻✻		✓		✓		74

	Altersbereich	**Der Trickablauf und seine Erarbeitung**	kognitive Anforderungen	feinmotorische Anforderungen	schriftsprachliche Anforderungen	rechnerische Anforderungen	Übungszeit	**Herstellung der Requisiten**	Ausdauer und Konzentration	feinmotorische Anforderungen	**Präsentation des Tricks**	mit einem Partner sinnvoll	musikalische Begleitung möglich	sprachliche Begleitung	das Publikum einbeziehen	Seite im Buch
Gedankenlesen	ab 7		▲				✵					✓		✓	✓	78
Hellseherische Kräfte	ab 10		▲▲		✓		✵✵							✓	✓	81
Jungen- oder Mädchenname	ab 8		▲		✓		✵		✵	✵				✓	✓	83
Magische Kiste	ab 8		▲				✵✵		✵✵✵	✵		✓		✓		86
Springender Schachtelgeist	ab 7		▲	▲			✵✵		✵✵	✵✵				✓	✓	89
Streichholztrick	ab 8		▲▲	▲			✵✵		✵	✵				✓	✓	92
Supergedächtnis	ab 12		▲▲		✓		✵✵					✓		✓	✓	95
Wie alt bist du?	ab 10		▲▲			ZR 100	✵✵		✵	✵				✓	✓	97
Zauberbanane	ab 7		▲▲	▲			✵✵			✵✵✵				✓		104
Zauber-Bild-Karten I	ab 8		▲			ZR 20	✵		✵	✵				✓	✓	107
Zauber-Bild-Karten II	ab 5		▲				✵		✵✵	✵				✓	✓	111
Zauberpalme	ab 7		▲▲	▲			✵		✵✵	✵✵			✓			117
Zaubertüte	ab 7		▲▲	▲▲			✵✵		✵✵	✵✵				✓		120
Zauberwasser	ab 9		▲▲	▲▲			✵✵		✵✵	✵✵✵			✓	✓	✓	126
Zwei Gummiringe*	ab 8		▲	▲▲			✵✵							✓		140

* Diese Zaubertricks finden Sie in dem Kapitel „Tricks für zwischendurch" auf Seite 131

Vorschläge für die Auswahl der Tricks

In meinen Fortbildungsveranstaltungen werde ich immer wieder um Vorschläge für die Trickauswahl gebeten. Diesem Wunsch möchte ich in diesem Kapitel nachkommen. Nach einigen allgemeinen Anmerkungen werde ich Vorschläge für Zaubertricks für drei Altersbereiche aufführen:
- Vorschulkinder,
- 6- bis 8jährige Kinder,
- 9- bis 12jährige Kinder.

Altersbereiche

Auch hier sind die Altersangaben nicht absolut zu sehen, da es stets auf den individuellen Entwicklungsstand der Kinder ankommt. So wird dieser bei Grundschulkindern anders sein als bei Kindern einer Sonderschule für Lernhilfe. Demzufolge können diese Angaben lediglich einer Grobeinschätzung dienen.

Die nachfolgende Auswahl von Zaubertricks hat sich für Zauber-Anfängerinnen und -Anfänger bewährt. Mit Zauber-Anfänger meine ich sowohl Sie als Anleiterin als auch die Kinder.

Zauber-Anfänger

Gedacht habe ich dabei in erster Linie an Zaubergruppen mit acht bis zehn Teilnehmerinnen und Teilnehmern. Für größere Gruppen müssen entsprechend mehr Tricks ausgewählt werden. Man sollte allerdings nicht dem Irrtum unterliegen, man müsse für eine Zaubervorstellung so viele Tricks wie Zauberlehrlinge auswählen. Zum einen würde eine Zaubervorstellung mit über 20 Kindern sehr lang sein und die Zuschauer würden ermüden. Zum anderen ist davon auszugehen, dass nicht jeder etwas vorführen möchte. Wichtige Aufgaben wie Ansager, Requisitenmeister, Helfer, Musiker sollten auch mit eingeplant werden. Außerdem können bei etlichen der Zaubertricks mehrere Akteure mitwirken. Zudem vollzieht sich das Lernen im Prozess, in der Aneignung und Auseinandersetzung mit den Tricks. Die Zaubervorführung ist dabei nur ein Teilaspekt des Ganzen, wenn auch sicherlich ein wesentlicher für die Motivation zum Üben und Durchhalten.

Anzahl der Tricks

Mit diesen Tricks können Sie jeweils ein Zauberprogramm von ca. 20 Minuten gestalten. Die Erarbeitung der Zaubertricks wird im nachfolgenden Kapitel „Erarbeiten und Üben der Tricks" ausführlicher dargestellt. An dieser Stelle sei nur darauf hingewiesen, dass sich die hier angegebene Reihenfolge von Zaubertricks in der Praxis bewährt hat. Dies sowohl hinsichtlich der Erarbeitung der Tricks als auch hinsichtlich der Abfolge bei der Vorführung.

siehe Seite 35

Zaubertricks für Vorschulkinder

1. Ein Geldstück verschwindet
2. Die Knalltüte
3. Zauber-Bild-Karten II
4. Zauberbanane (geeignet, wenn die Anleiterin die Banane präpariert)
5. Drei Zauberscheren
6. Zauberpalme (geeignet, wenn die vereinfachte Variante gewählt wird)

Zaubertricks für 6-8jährige Kinder

1. Ein Geldstück verschwindet
2. Streichholztrick
3. Zauber-Bild-Karten I
4. Jungen- oder Mädchenname
5. Springender Schachtelgeist
6. Zauberpalme

Zaubertricks für 9-12jährige Kinder

1. Streichholz-Trick
2. Gedankenlesen
3. Wie alt bist du?
4. Hellseherische Kräfte
5. Zauberwasser
6. Supergedächtnis

Diese Zaubertricks beruhen auf unterschiedlichen Täuschungsmanövern, so dass sie für die Zuschauer einen interessanten Querschnitt magischer Effekte *siehe Seite 13* bieten.

Erarbeiten und Üben der Tricks

In den folgenden Ausführungen steht die konkrete Vorgehensweise bei der Auswahl und Erarbeitung, beim Üben und Vorbereiten der Tricks im Vordergrund. Darin integriert sind Überlegungen und Anmerkungen zu den Lernchancen, die sich beim Erarbeiten und Üben der Zaubertricks bieten.

Die Vorgehensweise ganz praktisch gesehen

Zur Auswahl der Zaubertricks

Zunächst einmal müssen Sie sich für eine Auswahl von Zaubertricks entscheiden. Dabei sind die Lernvoraussetzungen der Kinder und ihr Alter zu berücksichtigen. Fast alle ausführlich dargebotenen Zaubertricks sind sowohl für Kinder in der Primarstufe als auch für ältere Zauberlehrlinge bis etwa zwölf Jahre geeignet. Wesentlich ist, dass die Präsentation von Ihnen altersangemessen dargeboten wird. Die tabellarische Übersicht im vorangegangenen Kapitel soll Ihnen die Auswahl der Tricks erleichtern.

Und so gehe ich praktisch vor

Um möglichst vielfältige Lernangebote zu schaffen und zu nutzen, hat es sich in der Praxis bewährt, in folgenden vier Schritten vorzugehen:

> **Aneignung der Tricks**
>
> 1. Erstes Vorführen des Tricks durch die Anleiterin
> 2. Erarbeitung des Trickgeheimnisses
> 3. Herstellen der Requisiten
> 4. Üben des Zaubertricks

1. Erstes Vorführen des Tricks durch die Anleiterin

Als Anleiterin benötigen Sie die Sachkompetenz hinsichtlich der zu erarbeitenden Zaubertricks. Das bedeutet, Sie müssen sich den Trick aneignen, und zwar sowohl vom rein tricktechnischen Ablauf als auch hinsichtlich einer interessanten Präsentation.

Dabei werden Sie die Tücken, die ja bekanntlich im Detail liegen, zwangsläufig kennen lernen. Vor dem Hintergrund der Lernanforderungen des jeweiligen Tricks und der Lernvoraussetzungen, die Ihre Schüler mitbringen, können Sie sich so Differenzierungsmöglichkeiten hinsichtlich Tricktechnik und Präsentation überlegen. Anregungen zu beiden Bereichen finden Sie auch in den ausführlichen Trickbeschreibungen.

Diese Erfahrungen und Überlegungen führen Sie zu der Präsentation eines Tricks, die Ihnen entspricht und gleichzeitig Vorbild für Ihre Schüler sein wird. *Präsentation als Vorbild*

2. Erarbeitung des Trickgeheimnisses

Ein weiterer wesentlicher Vorteil Ihrer genauen Kenntnis des Trickgeschehens ist, dass Sie so die Zauberlehrlinge besser bei der Trickerarbeitung zu problemlösendem Denken anregen und ihnen nach und nach weitere Tipps und Hilfen geben können, damit sie den Trick durchschauen.

Erster Schritt
Die Zauberlehrlinge äußern ihre ersten Vermutungen über das Trickgeschehen. Sinnvoll ist es, diese auch begründen zu lassen. Ich habe es mir ange- *Vermutungen äußern*

wöhnt, alle Vermutungen und Begründungen erst einmal kommentarlos anzuhören. Ein bisschen schauspielern müssen Sie dabei manchmal allerdings schon. Wird nämlich die Lösung von einem Zauberlehrling in dieser Phase bereits genannt, könnte ein zartes Lächeln oder Zucken Ihrer Mundwinkel dieses bestätigen. Also: nichts anmerken lassen! Damit wären alle weiteren Denkanstrengungen, alle Freude am Rätseln und alle Neugier bzgl. der Lösung gefährdet.

Zweiter Schritt
Sie führen den Trick noch einmal vor. Diesmal erhalten die Zauberlehrlinge die Aufgabe, ihre Vermutungen zu überprüfen. Das hat zur Folge, dass sie genauer beobachten, was Sie tun. *Vermutungen überprüfen*

Ihre nächsten Trickvorführungen können kleine Besonderheiten enthalten, entsprechend der Vermutungen der Zauberlehrlinge. So vermutet vielleicht jemand, man habe das Geldstück bei dem Trick „Ein Geldstück verschwindet" in der Hand oder im Ärmel versteckt. Also führen Sie den Trick so vor, dass Sie Ihre Ärmel vorher deutlich hochschieben und die Hände stets geöffnet zeigen. Das Herantasten an die Lösung geschieht in einer Art Ausschlussverfahren. Vermutungen werden überprüft und verworfen. Neue Vermutungen werden geäußert. Sie führen den Trick erneut vor. *siehe Seite 74*

Bleiben wir ruhig bei dem Beispieltrick „Ein Geldstück verschwindet". Die Zauberlehrlinge überprüfen wieder ihre Vermutungen. Wichtig ist, dass keiner von ihnen die Zauberrequisiten anfassen darf. Zum einen sind alle Zauberlehrlinge somit angeregt, ihre Gedanken zu versprachlichen und sich verständlich auszudrücken. Zum anderen wäre damit manches Trickgeheimnis schnell gelüftet. In unserem Beispiel brauchte nur einmal jemand das Glas von der Unterlage hochzuheben, die Papierscheibe darunter zu entdecken und alles wäre verraten.

Wie häufig Sie den Trick wiederholen, hängt von der Lerngruppe und Ihrem pädagogischen Gespür ab. Irgendwann ist nämlich der Zeitpunkt erreicht, an dem man den Zauberlehrlingen entscheidende Tipps geben sollte, sonst verwandeln sich Neugier und Ratevergnügen in Langeweile und Unruhe.

Wenn die Kinder das Geheimnis erst einmal gelüftet haben, kommt häufig die Äußerung „Oh, ist das einfach." Damit der Trick in ihrer Achtung nicht sinkt, erinnere ich sie daran, wie lange sie an der Lösung geknobelt haben. Die Tricktechnik ist vielleicht einfach, aber das Durchschauen nicht.

Dritter Schritt
Ist das Geheimnis erkannt, führen Sie den Trick offen vor, zeigen, was zuvor im Verborgenen bleiben musste. In unserem Beispieltrick wäre es die zugeklebte Glasöffnung. Die Zauberlehrlinge formulieren den Handlungsablauf und verarbeiten auf diese Weise das Erkannte durch die sprachliche Wiederholung. Nun ist die Neugier der Zauberlehrlinge auf einem neuen Höhepunkt. Sie brennen darauf, den Trick selbst auszuprobieren. An dieser Stelle unterbreche ich die Vorführung und leite über zur Herstellung der Requisiten. Wer damit fertig ist, kann den Trick üben. *Präsentation mit Offenlegung des Geheimnisses*

3. Herstellen der Requisiten
Auch beim Herstellen der Requisiten sind sprachlicher Ausdruck und Denkleistungen von den Zauberlehrlingen gefordert. Anhand der Requisiten gilt es zunächst herauszufinden, welche Materialien gebraucht werden. Anschließend wird die Herstellung besprochen. So auf die möglichst selbständige Herstellung der Zauberrequisiten vorbereitet, nehmen sich die Zauberlehrlinge die benötigten Materialien vom Materialtisch und beginnen ihre Arbeit.

Als hilfreich hat es sich erwiesen, wenn man den Zauberlehrlingen sagt, dass zwar jeder für sich die benötigten Trickgegenstände herstellen kann, dies aber in Zusammenarbeit mit einem Partner geschehen soll. Ich gebe zum Beispiel gerne die Arbeitsregel vor: „Frage erst deinen Partner, wenn du nicht weiterkommst. Vielleicht könnt ihr beide zusammen ja das auftretende Problem lösen. Wenn das nicht klappt, darfst du mich um Hilfe bitten." So fördern Sie quasi nebenbei Hilfsbereitschaft und Problemlösungsbereitschaft und -fähigkeit. Hinzu kommen Anstrengungsbereitschaft, Selbständigkeit und das wunderbare Gefühl, etwas alleine oder zu zweit geschafft zu haben.

4. Üben der Zaubertricks

Üben will gelernt sein. Häufig habe ich es erlebt, dass Zauberlehrlinge, sobald die Requisiten fertig gestellt sind und der Trick einmal erprobt worden ist, meinen, nun könnten sie den Trick. Langeweile kommt auf, sie wollen den nächsten Trick erlernen. Können Sie sich solch ein Verhalten Ihrer Schüler auch vorstellen? Was tun?

Dem Wunsch nach Neuem entspreche ich an dieser Stelle nicht. Es gilt, die Zauberlehrlinge zum Üben anzuregen und anzuleiten. Denn einen Trick zu kennen heißt noch nicht, ihn zu können. Eine wichtige Zauberregel lautet: üben.

Als geeignetes methodisches Vorgehen hat sich bewährt, mit den angehenden Zauberern gemeinsam zu überlegen, was die Zuschauer auf keinen Fall bei der Trickvorführung sehen dürfen und wie man demzufolge am besten vorgeht. Eine weitere Anregung ist, darüber nachzudenken, was alles schief gehen kann bei der Vorführung. Unterstützend ist die Vorgabe, wie ein Detektiv nach Missgeschicken und Fehlern zu suchen, die einem passieren können. Dadurch setzen sich die Zauberlehrlinge noch einmal intensiv mit dem Trickgeschehen auseinander und verinnerlichen es. *Zuschauer-Perspektive einbeziehen*

Fehler werden hier als etwas Positives dargestellt, um die Zauberlehrlinge zum möglichst angstfreien und kreativen Handeln zu ermutigen. Die Tücken der Tricks können zunächst in Partnerarbeit erarbeitet werden.

In vielen Zauberbüchern wird das Üben vor einem Spiegel vorgeschlagen. Dies kann ich nur bedingt empfehlen. Einen Trick durchführen und dabei in den Spiegel schauen ist für viele Kinder eine Überforderung. Sie müssen ihre Aufmerksamkeit teilen. Gleichzeitig ist das jedoch eine Fähigkeit, die eine gute Zauber-Präsentation verlangt. Eine hilfreiche Übungsalternative sind deshalb Videoaufnahmen, die man sich hinterher anschaut. Und natürlich kann man auch mit einem Partner üben, wobei der zuschauende Mitschüler Rückmeldung gibt. Kritik geben und nehmen können ist dabei von beiden Seiten gefordert.

Üben ist wichtig, sollte aber auch nicht überstrapaziert werden. Konkret bedeutet das: Auch wenn die Tricks noch nicht von allen Zauberlehrlingen beherrscht werden, kann das Üben beendet werden und mit einem neuen Trick begonnen werden.

In der Praxis lernen die Kinder in der Regel einen Trick pro Unterrichtsstunde. Innerhalb der Unterrichtseinheit oder des Projektes gibt es immer wieder Phasen, in denen das bereits Gelernte wiederholt wird. Als methodische Variante bietet sich dabei zum Beispiel Stationsarbeit an. Durch die Wiederholungen bilden sich Vorlieben der Zauberlehrlinge für den einen oder anderen Trick heraus. Dies sind dann wiederum hilfreiche Hinweise für die Zusammenstellung des Zauberprogramms.

Nach der oben beschriebenen Phase des Übens gehen Sie mit dem nächsten Trick ebenso vor. Die Zauberlehrlinge kennen schon den Ablauf, das gibt ihnen einen Orientierungsrahmen und ist zudem Strukturierungshilfe.

Zu einem späteren Zeitpunkt greife ich die Tücken der einzelnen Tricks noch einmal auf. Ich erkläre den Zauberlehrlingen, dass einem solche Fehler und Missgeschicke durchaus während der Zaubervorführung passieren können. Das sei normal, damit müsse man einfach rechnen, das mache die Aufregung. Großen Zauberkünstlern erginge das nicht anders. Die Kunst sei es jedoch, sich von diesen Ereignissen nicht aus der Ruhe bringen zu lassen (Sie erinnern sich: Zauberregel Nr. 3!). Wir überlegen gemeinsam, wie man angemessen reagieren kann. Diese Phase macht den Zauberlehrlingen meistens großen Spaß und sie sind sehr erfinderisch. Fehler und Missgeschicke nicht als große Tragödie zu erleben, sondern sie zu akzeptieren und kreativ damit umzugehen, motiviert sie oft, die jeweiligen Tricks mit Fehlern und „Rettungsmanövern" vorzuspielen.

Rettungsmanöver

siehe Seite 48: Aufgaben der Anleiterin

So vorbereitet lässt sich die Angst bei der Vorführung reduzieren. Ängstliche und zurückhaltende Kinder können durch die erworbene Sicherheit zur Vorführung eines Tricks ermutigt werden. Kindern, die zur Oberflächlichkeit und Selbstüberschätzung neigen, kann dadurch die Notwendigkeit des Übens bewusst werden. Dass humorvolles Umgehen miteinander diese Phase unterstützt, versteht sich von selbst. Wie erleichternd kann es doch sein, über seine eigenen Fehler und Missgeschicke zu lachen.

Lernchancen

Erarbeiten eines Zaubertricks

Bei der Erarbeitung eines Zaubertricks sind die Zauberlehrlinge zu sachlogischem und problemlösendem Denken herausgefordert. Sie müssen die einzelnen Handlungsschritte genau beobachten (visuelle Wahrnehmung), Vermutungen aufstellen und äußern (sprachliche Ausdrucksfähigkeit). Darüber hinaus müssen sie Handlungs- und Lösungsprozesse gedanklich entwickeln und nachvollziehen sowie praktisch umsetzen können (kognitive und feinmotorische Fähigkeiten).

Üben eines Zaubertricks

Die Aneignung eines Zaubertricks bedarf des ausdauernden Übens sowie der dabei notwendigen Bereitschaft, Schwierigkeiten zu überwinden. Wichtig sind dabei Konzentration, Ausdauer, Frustrationstoleranz, Kritikfähigkeit und Anstrengungsbereitschaft. Die Zauberlehrlinge sind schließlich zur sprachlichen, mimischen und gestischen Ausgestaltung der Zauberstücke aufgefordert (Ausdrucksfähigkeit). Sie müssen dabei immer wieder die Sichtweise der Zuschauer einbeziehen (Perspektivenwechsel). Zudem achten sie auf die Zuschauerinnen und Zuschauer und lernen, vor einem Publikum aufzutreten und einen eingeübten Trick vorzuführen.

Präsentation der Zaubertricks

Das Erlernen des eigentlichen Trickgeschehens ist die eine Seite der Medaille. Die andere genauso wichtige Seite ist eine für die Zuschauer interessante Präsentation des Zaubertricks. Was nutzt ein noch so interessanter Effekt, wenn er langweilig dargeboten wird?

Zudem liegen die Lernchancen bei der Präsentation primär im Bereich der positiven Selbstdarstellung. Dies ist neben anderen ein erstrebenswertes emotionales und soziales Lernziel.

Aus diesen beiden Gründen sollten Sie der Vorbereitung der Präsentation von Zaubertricks ebenso viel Aufmerksamkeit schenken wie der Trickerarbeitung.

Arten der Präsentation

Erfahrungen mit den unterschiedlichsten Schülergruppen haben mir gezeigt, dass sich folgende fünf Präsentationsarten am besten eignen:

> **Arten der Präsentation**
>
> - Einbindung des Tricks in eine Geschichte
> - Sprachliche Begleitung durch einen Reim
> - Einbeziehen von Zuschauerinnen und Zuschauern
> - Musikalische Begleitung
> - Einbindung der Zaubertricks in eine Rahmenhandlung

5 Arten der Präsentation

Was hat man sich unter den genannten Präsentationsarten vorzustellen?

Einbindung der Tricks in eine Geschichte

Haben Sie schon einmal einem kleinen Publikum einen Zaubertrick vorgeführt? Ich kann mich noch gut an meine erste Präsentation erinnern. Den Trick selber beherrschte ich gut, aber wie sollte ich ihn nur darbieten. Den Zaubertrick einfach so vorzuführen wäre langweilig gewesen. Was also tun?
Bei meinem Trick ging es um ein Seil, welches zunächst zerschnitten und unter der Einwirkung von Zaubersalz wieder nahtlos zusammengefügt wird. Da ich mich gerade im Skiurlaub befand, integrierte ich die Trickhandlung in eine Geschichte von einem Seilbahnunglück, welches aber dank der Zauberkraft gut endete. Durch die Geschichte wurde der Trick enorm aufgewertet: Eine gute Geschichte hat Dramatik und erzeugt dadurch bei den Zuschauern zusätzliches Interesse. Mir hat diese Art der Präsentation geholfen, den Trick intensiver darzubieten. Meine Stimme und Blicke wurden lebendiger und publikumsbezogener. Dadurch fühlte ich mich auch sicherer bei der Vorführung.
Ähnliches habe ich bei den Kindern beobachtet. Wird ein Zaubertrick in eine Handlung integriert, so gewinnt die Präsentation an Leichtigkeit und Überzeugungskraft.
Diese Art der Präsentation ist geeignet für Kinder, die sich gerne vor anderen darstellen. Sie können dieses auf eine positive Weise tun und - manchmal auch zum ersten Mal - mit dieser Fähigkeit positive Rückmeldung und Anerkennung erfahren. Dies ist für mich ein sehr wichtiger Aspekt im Bereich der Sozialerziehung. Eine Geschichte zu behalten und zu erzählen ist darüber hinaus eine anspruchsvolle Lernleistung auf kognitiver Ebene.

Sprachliche Begleitung durch einen Reim

Die Präsentation mit Hilfe eines Reimes ist für die Zuschauer sehr ansprechend, dies besonders dann, wenn die Handlungsschritte parallel zu dem gesprochenen Text durchgeführt werden. Aus pädagogischer Sicht ist diese Art der Präsentation für unsichere, ängstliche Kinder gut geeignet. Wird der Trick nämlich von zwei Personen präsentiert, dem Sprecher und dem Zauberer, so kann sich das zaubernde Kind im Wesentlichen auf seine Zauberei konzentrie-

zwei Personen als Vorführende

ren, es braucht die Handlung nicht sprachlich zu begleiten, sich nicht vor der Gruppe sprachlich zu äußern.

Unter sozialerzieherischen Aspekten ist diese Art der Präsentation eine hervorragende Übung bezogen auf gegenseitige Achtsamkeit und Aufmerksamkeit. Das lesende Kind muss auf das zaubernde achten und ggf. mit der Fortführung des Textes warten, bis das zaubernde Kind die zum Text passende Handlung ausgeführt hat. Ebenso muss das zaubernde Kind auf den Text achten und die entsprechende Handlung dazu ausführen.

sozialerzieherische Aspekte

Eine weitere Herausforderung liegt im Zurückstellen des Bedürfnisses, immer im Mittelpunkt stehen zu wollen. Dies gilt besonders für das lesende Kind. Es merkt, dass die Zauberin zwar die Hauptperson ist und es sich mit dem Lesen nicht zu sehr in den Vordergrund spielen darf. Es erfährt aber auch, dass beide Rollen für das Gelingen des Ganzen wichtig sind. Ohne den Text wäre der Zaubertrick für das Publikum langweilig. Daher finde ich es wichtig, dass die Agierenden räumlich beieinander stehen. Konkret heißt das, das zaubernde Kind steht hinter dem Zaubertisch, das lesende Kind steht auf gleicher Höhe neben dem Zaubertisch. Zum Schluss verbeugen sich beide gemeinsam, vielleicht fassen sie sich dabei sogar an den Händen als Ausdruck ihres gemeinsamen Erfolges.

Im Kapitel „Zaubertricks alphabetisch" finden Sie die Zaubertricks „Drei Zauberscheren" und „Zauberwasser" mit einem Reim als Präsentationsvorschlag. Weitere Zaubertricks mit geeigneten Reimen sind im Zauberbuch von Zauberer Hardy zu finden.

siehe Seite 70 und 126
siehe Seite 175: Literatur-Hinweise

Einbeziehen von Zuschauern

Es gibt Zaubertricks, bei denen bietet es sich an, das Publikum einzubeziehen. Pädagogische Intentionen können hier sein:
- Kontakt herstellen;
- in angemessener Weise mit einem anderen, in diesem Fall dem Zuschauer, umgehen;
- freundlich und höflich sein;
- dem mitspielenden Zuschauer klare Handlungsanweisungen geben.

In Form einer tabellarischen Übersicht sind mehrere Tricks hierzu aufgeführt. Zudem finden Sie in den ausführlichen Trickbeschreibungen Präsentationsvorschläge unter der Rubrik „Worum geht es" sowie Ergänzungen dazu unter der Rubrik „Variationen".

siehe Seite 30: Tabelle

Musikalische Begleitung

Die musikalische Begleitung eines Tricks, wie sie von Profizauberern eingesetzt und genutzt wird, ist sehr anspruchsvoll. Bewegungen, Gestik und Mimik müssen perfekt mit der Musik abgestimmt sein. Dieses ist hier nicht gemeint.

Unter musikalischer Begleitung eines Zaubertricks verstehe ich hier die Begleitung mit Orff-Instrumenten. Die Instrumente sprechen quasi anstelle der Zauberin. Die musikalische Begleitung eines Tricks eignet sich daher am besten bei solchen Zauberkunststücken, die keiner sprachlichen Erklärung bedürfen.

Begleitung mit Orff-Instrumenten

Die Lernchancen liegen hierbei vorrangig darin, dass sich das zaubernde Kind und das musizierende koordinieren müssen. Das Kind, welches die musikalische Begleitung mitgestaltet, muss die Trickhandlung kennen, um mit seinem Instrument den Spannungsaufbau zu unterstützen, Akzente zu setzen und den Höhepunkt des Tricks zu unterstreichen.

Diese Art der Präsentation eignet sich unter pädagogischen Gesichtspunkten besonders dann, wenn ein Zauberlehrling zwar einen Trick vorführen möchte, sich aber nicht zutraut, vor einem Publikum zu sprechen.

siehe Seite 30 Tabelle

An dieser Stelle möchte ich noch einmal auf Musik von technischen Tonträgern eingehen und erläutern, warum ich mittlerweile bei Zaubervorstellungen ganz darauf verzichte:

Musik von technischen Tonträgern

1. Wählt man eine Musik mit einem Spannungsaufbau, so muss sich die zaubernde Person in ihrem Tempo der Musik anpassen und hat kaum eigene Spielräume. So etwas muss exakt eingeübt werden, und das „Timing" muss stimmen. Diese Vorgehensweise würde die jungen Zauberkünstler überfordern und in ihrer Gestaltungsfreude und Spontaneität einengen.
2. Wählt man gleichförmige Musik als Hintergrundmusik, ist meines Erachtens nichts gewonnen gegenüber dem Verzicht auf musikalische Begleitung. Eine Hintergrundmusik fände ich höchstens dann sinnvoll, wenn sich das zaubernde Kind dadurch emotional gestützt fühlt.

Einbindung der Zaubertricks in eine Rahmenhandlung

Gemeint ist hierbei die Einbettung aller Zaubertricks in eine sie umspannende Rahmenhandlung. Dies könnte zum Beispiel die Ausbildung eines jungen Zauberers in einer Zauberschule sein. Grundlage für solche Rahmenhandlungen können zum Beispiel Bücher oder Geschichten sein, die Ihrer Phantasie entspringen.

eine alle Zaubertricks umspannende Handlung

Die einzelnen Zaubertricks sollten jedoch die genannten Präsentationsarten aufweisen, damit jeder einzelne Trick in seiner Präsentation interessant ist und nicht nur die Rahmengeschichte.

Präsentationshilfen

Zauberumhang, Zauberstab und Zauberhut sind klare Erkennungszeichen für einen Zauberer. Zusammen mit Zaubersprüchen können sie wertvolle Präsentationshilfen sein.

Zauberumhang

Verkleidungen helfen, sich in eine andere Rolle zu versetzen. So ist es auch mit dem Zauberumhang. Für das zaubernde Kind kann dieser eine Hilfe sein, sich in die Rolle des Zauberers, des Agierenden und somit im Mittelpunkt der Aufmerksamkeit Stehenden hineinzuversetzen. Er kann unterstützend wirken, diese Rolle adäquat auszuüben. Für die Zuschauer wird dadurch das gerade vorführende Kind zur Zauberin, zum Zauberer.

siehe Seite 167: Nähanleitung Zauberumhang

In der Praxis hat es sich bewährt, nur einen Zauberumhang für alle Zauberlehrlinge zu verwenden.

Zauberstab

Im Gegensatz zum Zauberumhang sollte jeder Zauberlehrling seinen eigenen Zauberstab haben. Denn in ihm steckt ganz viel Zauberkraft! Sollte einmal etwas schief gehen, so kann der Zauberstab hilfreich sein, denn er bietet viele Möglichkeiten für originelle Rettungsmanöver.

siehe Seite 48: Aufgaben der Anleiterin

Man kann Zauberstäbe aus Papier oder Rundhölzern herstellen. In der Praxis haben sich Zauberstäbe aus Papier bewährt. Diese sind kostenneutral in der Herstellung und relativ einfach anzufertigen.

siehe Seite 164: Bastelanleitung Zauberstäbe

Zauberhut

Der Zauberhut als klassisches Requisit eines Zauberkünstlers ist für einige Tricks unverzichtbar, wenn zum Beispiel das berühmte Kaninchen aus dem Zylinder gezaubert wird. Bei allen hier dargestellten Tricks ist der Zauberhut jedoch kein notwendiges Zauberrequisit.

In der Praxis hat sich gezeigt, dass Zauberhüte die Zauberlehrlinge beim Zaubern oft behindern, da sie vom Kopf rutschen oder verrutschen können. Wenn Sie dieses typische Zauberrequisit dennoch einsetzen möchten, können Sie sich bei der Herstellung an der Bastelanleitung in dem Kapitel „Was nützlich ist" orientieren.

siehe Seite 168: Bastelanleitung Zauberhut

Aus den genannten Gründen bin ich dazu übergegangen, den Zauberlehrlingen einen kleinen schwarzen Hut mit Hutgummiband zu geben, den sogenannten Lehrlingshut. Dieser symbolisiert gleichfalls, dass der betreffende Zauberlehrling sich noch in der Ausbildung befindet und somit Fehler möglich sind. Einige Kinder möchten diesen Lehrlingshut auch während der Vorstellung aufsetzen. Nach dem Grund hierzu befragt, äußerten sie mir gegenüber, dass sie mit dem Lehrlingshut Fehler als nicht so schlimm betrachten würden. Eine moralische Stütze ... ?

Einen kleinen Lehrlingszauberhut kann man zur Karnevalszeit in Kaufhäusern günstig erstehen. Oder man bastelt selbst einen nach dem Muster eines Spitzhutes, jedoch mit geringerer Huthöhe.

Zaubersprüche

Zaubersprüche können sehr wirkungsvolle Präsentationshilfen sein. Diese magischen Worte sind für Zauberer wie für die Zuschauer bedeutsam. Das zaubernde Kind vermag sich dadurch stärker in der Rolle des „wirklich" Zaubernden zu empfinden. Für das Publikum hat der Zauberspruch eine Signalwirkung: Gleich passiert es!

Zaubersprüche können helfen, die Zuschauer vom eigentlichen Trickgeschehen abzulenken. Außerdem können sie einen Trick „retten". Sollte einmal etwas schief gehen, so sagt der Zauberer einfach: Es war der falsche Zauberspruch!

Manche Kinder fühlen sich von komplexen Zaubersprüchen überfordert. Eine Hilfe kann es für sie sein, entweder mit einem anderen Kind gemeinsam oder mit der flüsternden Anleiterin zusammen den Spruch zu sagen. Einige lesen den Spruch von einem auf dem Zaubertisch liegenden Blatt ab. Wieder andere bevorzugen ausschließlich bekannte Zaubersprüche.

Die beiden Worte ZICK-ZACK am Ende eines jeden Zauberspruchs sind für meine Zauberlehrlinge oft unverzichtbar. Zurückhaltenden Kindern können diese Worte helfen, sich lauter und energischer zu äußern.

Auch hier gilt wieder, dass die Anleiterin im Einzelfall abwägen sollte, welcher Spruch für das jeweilige Kind geeignet ist. Als Anregung in diesem Sinne sind auch die aufgeführten Zaubersprüche zu den einzelnen Zaubertricks zu verstehen.

Die Zauber-Vorstellung

Die Motivation, die durch das Zaubern geweckt wird, liegt zum einen im Verstehen und Erlernen der Zaubertricks. Zum anderen aber auch in der Aussicht, die gelernten und verstandenen Tricks jemandem vorzuführen und sein Können zu präsentieren. Deshalb sollte immer eine Zaubervorstellung die Unterrichtseinheit oder das Projekt abschließen. Dieses kann eine Aufführung vor der Parallelklasse oder der Eingangsstufe sein. Aber auch auf Einschulungsfeiern, Elternnachmittagen oder Weihnachtsfeiern kann gezaubert werden.

Anzahl und Abfolge der Zaubertrick

Es hat sich gezeigt, dass eine Zaubervorstellung von rund 20 Minuten für alle Beteiligten ein geeigneter zeitlicher Rahmen ist. Das reicht aus für sechs oder sieben Zaubertricks. Alles, was darüber hinausginge, würde die Aufmerksamkeitsspanne der Zuschauer überbeanspruchen. Schließlich darf man nicht vergessen, dass die Akteure trotz ihres natürlichen kindlichen Charmes keine Profis sind, die es gelernt haben, ein Publikum über einen längeren Zeitraum zu fesseln.

Anzahl der Zaubertricks

Bei der Reihenfolge der Zaubertricks hat es sich bewährt, zur Eröffnung einen sehr effektvollen Trick zu wählen. In der Mitte und am Ende sollten ebenfalls besonders effektvolle Tricks vorgeführt werden. Häufig liegt es auch an der Darbietung der Tricks, welcher als besonders effektvoll wahrgenommen wird. Deshalb ist es an dieser Stelle nur möglich, allgemeine Hinweise zu geben.
Legt man einmal die Zaubertricks zugrunde, die ich Ihnen auf Seite 32 als Einsteigertricks empfohlen habe, so würde sich für eine zweite Klasse der Grundschule exemplarisch folgende Reihenfolge anbieten:

Abfolge der Zaubertricks

Beipiel für ein Zauberprogramm

1. Ein Geldstück verschwindet (2 Akteure)
2. Gedankenlesen (2 Akteure)
3. Zauber-Bild-Karten I (ggf. 2 Akteure)
4. Zaubertüte (1-6 Akteure)
5. Drei Zauberscheren (4 Akteure)
6. Zauberbanane (2 Akteure)
7. Zauberpalme (1-alle Akteure)

Beispiel

Hier haben Sie außerdem einen Wechsel in der Abfolge der magischen Grundeffekte, was ebenfalls zu einem spannenden Programm beiträgt.

Aufgaben der Anleiterin

Alle Zauberlehrlinge in die Vorstellung einbeziehen

Während des Erlernens und Übens der Zaubertricks sind meist alle Kinder hoch motiviert. Doch nicht alle Kinder möchten einen Zaubertrick vor einem (fremden) Publikum vorführen. Welche Gründe dies auch im Einzelfall haben mag, wichtig ist für Sie als Anleiterin, wie Sie mit solchen Gegebenheiten umgehen.

Es hat sich bewährt, diesen Kindern andere wichtige Aufgaben innerhalb der Vorführung zuzuteilen. So werden immer eine oder mehrere Requisitenmeisterinnen gebraucht. Diese legen die für den jeweiligen Trick benötigten Requisi-

wichtige Aufgaben für Zauberkinder

ten auf den Zaubertisch und nach der Vorführung legen sie diese wieder zurück auf den Requisitentisch. Weiter werden vielleicht ein oder mehrere Musiker benötigt. Einer von ihnen kann zum Beispiel zu Beginn der Vorstellung ein Flötenstück spielen. Andere wiederum begleiten Zauberstücke mit Orff-Instrumenten. Und wer hilft den zaubernden Kindern in und aus dem Zauberumhang? Dies ist ebenfalls eine wichtige Aufgabe. Vielleicht möchte ein Kind oder möchten mehrere Kinder die Ansage der einzelnen Zaubertricks übernehmen. Wichtig erscheint mir, dass beim Zaubern alle Kinder entsprechend ihrer individuellen Möglichkeiten und Wünsche in die Zaubervorstellung integriert werden. So trägt jedes Kind einen wichtigen Teil zum Gelingen der gemeinsamen Vorstellung bei.

Könnenserfahrungen ermöglichen

Zaubern soll den Zauberlehrlingen vor allem Könnenserfahrungen vermitteln und sie somit in ihrem Selbstvertrauen stärken. Dies auch bei der Aufführung zu gewährleisten ist eine wesentliche Aufgabe der Anleiterin. *Selbstvertrauen stärken*

Die Anleiterin ist dafür verantwortlich, dass sich kein Kind bei der Zaubervorstellung blamiert fühlt. Sie steht während der gesamten Vorführung in Reichweite, um die Kinder und deren Tricks notfalls durch kreatives und situationsangemessenes Eingreifen zu retten. Schließlich sollen die Zauberlehrlinge gestärkt aus der Vorführung herausgehen.

Hilfreich ist es, wenn die Anleiterin die Rolle der Moderatorin übernimmt. So hat sie jederzeit die Möglichkeit, im Rahmen ihrer Rolle unterstützend in das Geschehen einzugreifen. Dies kann zum Beispiel geschehen, indem sie beim Nichtgelingen eines Tricks dem Zauberer und dem Publikum erklärt, dass Zauberluft fehlt und deshalb nun alle kräftig in Richtung Zaubertisch pusten sollen. Oder sie erklärt, der Trick konnte gar nicht funktionieren, weil der Zauberer zum Zaubern die falsche Seite des Zauberstabes benutzt oder den Zauberstab in der falschen Richtung hat kreisen lassen. *Anleiterin als Moderatorin*

Zaubersprüche haben ebenso eine magische Bedeutung wie der Zauberstab. Geht etwas schief, so lag das natürlich am falschen Zauberspruch! Mit diesen Ideen können Sie den kleinen Zauberkünstlern zur Hilfe kommen.

Die Vorbereitung der Vorführung

Zur Vorbereitung gehören auch die Raumgestaltung und das Bereitlegen der Requisiten.

Raumgestaltung

Ein ansprechendes „Bühnenbild" unterstützt die Erwartungshaltung der Zuschauer. Zum Herrichten der Zauberbühne haben sich bewährt:
- für den Zaubertisch ein eingefärbtes Bettlaken, welches aufgrund seiner Größe auch die Tischbeine verdeckt.
- von den Zauberlehrlingen bemalte Stoffbahnen oder ein auf die Tafel gemaltes Bild für den Hintergrund.

Direkt hinter den Zauberlehrlingen sollte aber möglichst nichts Ablenkendes hängen. Achten Sie auch auf die Anordnung der Zuschauerstühle, da schlechte Sicht leicht Unruhe und Missmut schafft.

Requisiten

Damit für die Vorführung alle benötigten Requisiten vorhanden sind, hat es sich bewährt, einen Requisitentisch einzurichten. Die Anleiterin sollte sich vergewissern, ob alle benötigten Gegenstände vorhanden sind. Zudem sollte sie diesen Tisch vor und nach der Vorstellung mit einem Tuch abdecken (lassen). Dadurch sind alle Zauberutensilien vor neugierigen Blicken und Händen geschützt.

Requisitentisch abdecken

Das Tuch ist vielleicht von den zaubernden Kindern mit entsprechenden Zaubermotiven bemalt worden. Papier hat sich zum Abdecken nicht bewährt. Ist es zu leicht, fliegt es bei Luftzug leicht weg. Ist es zu dick und dadurch zu starr, ist die vollständige Abdeckung aller Requisiten nicht gewährleistet.
Der Requisitentisch sollte hinter dem Zaubertisch an der Wand stehen, damit das Risiko des Herunterrollens oder -fallens der Gegenstände entfällt. Die Zauberin agiert also zwischen Requisitentisch und Zaubertisch.

Noch ein Wort zur Ordnung auf dem Requisitentisch: Alle Zauberrequisiten sollten übersichtlich auf dem Tisch angeordnet sein. Denn wenn sich die nervösen Zauberkinder erst ihre Sachen aus der Vielzahl an Gegenständen heraussuchen müssen, trägt das nicht zum ruhigen und sicheren Zaubern bei. Ebenso ist es dann schwierig zu überprüfen, ob alle benötigten Utensilien auf dem Tisch liegen.
Deshalb sollte jeder Zauberer vor der Vorstellung selbst überprüfen, ob alle Dinge, die er braucht, vorhanden sind und am richtigen Platz liegen. So wird Eigenverantwortung angesprochen und der Nutzen des Ordnung haltens kann erfahren werden.

Ordnung halten

Hilfen für die Zauberlehrlinge
Sind sämtliche Vorbereitungen getroffen, sollte die Anleiterin den Zauberern Möglichkeiten verschaffen, ihre innere Unruhe in sinnvolle motorische Aktivitäten zu lenken. Dadurch können sie neben der motorischen eine emotionale Entlastung erfahren. Denn die innere Anspannung kann sich über Bewegung „entladen". In jedem Fall sollten diese Angebote mit ruhigen Aktivitäten enden, um innerlich beruhigt in die Vorstellung gehen zu können.

motorische und emotionale Entlastung

Während und nach der Vorführung

Aufgaben bei der Eröffnung einer Zaubervorstellung
Als sehr hilfreich hat sich für den Beginn einer Zaubervorstellung der Einsatz von Musik erwiesen wie zum Beispiel Walzer oder Ouvertüren. Sie kann sowohl Darsteller als auch Zuschauer auflockern und in die richtige Stimmung versetzen. Zudem ist das Ausschalten der Musik ein klares Signal für den Beginn der Vorstellung.

Einsatz von Musik

Die Anleiterin sollte die Zaubervorstellung im Rahmen ihrer Rolle als Moderatorin eröffnen und beenden. Dazu bietet es sich an, zu Beginn der Vorstellung alle Beteiligten nebeneinander auf die Bühne zu bitten. „Applaus für die Zauberer und Assistenten", diese Aufforderung an das Publikum ist eine Art „Eisbrecher" für die Akteure und Zuschauer. Anschließend nennt aufgrund Ihrer Initiative jeder Zauberer seinen Zauberernamen und verneigt sich danach vor dem Publikum. „Applaus für Zauberer ...", diesmal gilt der Beifall schon einem einzelnen, der zum ersten Mal vor dem Publikum gesprochen hat. Nachdem sich alle Zauberer, Requisitenmeister, Ansager, Musiker und sonstigen Akteure vorgestellt haben, bitten Sie diese, sich wieder zu setzen. Die Kinder brauchen vermutlich in ihrer Aufregung diese klaren Orientierungshilfen von Ihnen.

Applaus initiieren

Hilfreich ist es, wenn alle Akteure schräg neben dem Zaubertisch sitzen. Diese räumliche Nähe zueinander und dem Ort des Geschehens hat sich als positiv erwiesen, da die Kinder das Publikum sehen und es ihnen somit vertrauter werden kann. Zudem kann die Nähe zueinander als emotionale Stütze wirken.

Sitzposition der Zauberlehrlinge

Aufgaben während einer Zaubervorstellung
Während der Vorstellung haben Sie nicht nur, wie oben beschrieben, die Aufgabe, die Kinder nötigenfalls zu „retten", sondern Sie sollten auch den Applaus für jedes zaubernde Kind, jeden Assistenten und jeden mitwirkenden Zuschauer nach der jeweiligen Darbietung initiieren.

Aufgaben zum Abschluss einer Zaubervorstellung
Zum Abschluss der Vorstellung halte ich es für notwendig, dass Sie als Moderatorin noch einmal alle Mitwirkenden auf die „Bühne" bitten und einen Schlussapplaus initiieren. Alle Kinder verneigen sich, die Anleiterin in der Rolle der Moderatorin verabschiedet das Publikum. Die Zeit danach gehört Ihnen und Ihren aufgeregten und jetzt wohl auch erleichterten Zauberern.

Orte für die Zaubervorstellung

Zaubern ist erfolgsorientiert. Den Erfolg erfährt der Zaubernde durch das Vorführen seines Könnens und die Reaktionen des Publikums. Deshalb sollte jedes Zauberprojekt mit einer Zaubervorstellung enden. Jedoch sollte man es mit den Vorstellungen nicht übertreiben. Mit den Zauberlehrlingen quasi auf eine kleine Tournee zu gehen, stellt vielfach eine Überforderung für sie dar. Zudem liegt der pädagogische Wert des Zauberns primär im Prozess vom ersten Lüften eines Trickgeheimnisses bis hin zur Präsentation. Die Vorführung würde somit durch allzu zahlreiche Wiederholungen ein Übergewicht bekommen.

Welches sind geeignete Möglichkeiten für die Kinder, Ihr Können zu zeigen? Sicherlich im Rahmen der Institution, wo sie das Zaubern gelernt haben. Das können, wie schon an anderer Stelle erwähnt, der Elternnachmittag oder die Einschulungsfeier in der Schule oder eine Aufführung für eine andere Lerngruppe sein. Diese Vorführungen sollten meiner Meinung nach vorwiegend in einem den Zauberlehrlingen bekannten Bezugsfeld stattfinden. Das schafft Sicherheit und diese ist ein wichtiges Fundament für Erfolge.

innerhalb der Institution

Elternnachmittag

Zaubervorstellung im Seniorenzentrum
Für mich gibt es eine Ausnahme bezogen auf den Ort der Vorführung, nämlich Vorstellungen in Seniorenzentren. Diese möchte ich Ihnen zur Nachahmung empfehlen. Es ist für beide Seiten, die Kinder und die Senioren eine Bereicherung. Am meisten hat mich dabei beeindruckt, wie behutsam und achtsam selbst meine schwierigsten Zauberlehrlinge mit den Senioren umgingen.
Dazu eine kurze Anekdote: Einer meiner Zauberer, ein in der Schule gelegentlich verhaltensauffälliger Schüler, schob nach der Vorstellung eine alte Dame mit ihrem Rollstuhl in ihr Zimmer. Als der Junge länger wegblieb als erwartet, machte ich mir darüber Sorgen. Schon wollte ich nachsehen, da sah ich ihn aus dem Aufzug kommen. Was war passiert? Die Dame war so erfreut darüber,

Beispiel aus der Praxis

51

endlich einmal wieder Kinder zu sehen, dass sie ihn gar nicht so schnell gehen lassen wollte. Der Schüler konnte sich, wie er berichtete, nur mit einer Notlüge von ihr verabschieden.

Gefreut haben sich die Zuschauer auch über die angemalten Herzen aus Pappe, welche die Schüler mitgebracht haben. Die Zauberer haben diese Herzen zuvor in der Schule ausgeschnitten, angemalt und mit ihrem Namen versehen. Sie überreichen den Zuschauern diese als Abschiedsgeschenk am Schluss der Vorführung. Ein Geschenk mit kleinem Aufwand und großem Wert für das Schenken und Beschenktwerden für alle Beteiligten. *Herzen als Gastgeschenke*

Tipps zum Umgang mit der Presse
Wenn Sie mit Ihren Zauberlehrlingen eine Vorführung machen wie zum Beispiel im Seniorenzentrum, so empfehle ich Ihnen, die Presse zu informieren und einzuladen. *Pressearbeit*

Lokalredaktionen von kleineren Zeitungen greifen solche Aktivitäten gerne auf. Bei Zeitungen in Großstädten sieht das wieder anders aus. Hier ist es ratsam, sich an die stadtteilbezogenen Wochenblätter zu wenden.
In jedem Fall ist es empfehlenswert, einen Artikel sowie begleitende Informationen vorab zu formulieren, damit der eilige Reporter Anhaltspunkte für seinen Artikel hat. Häufig geht sonst schon mal im geschäftigen Alltag eine wichtige Information unter oder wird ungenau wiedergegeben.
Die Vorabinformationen sollten folgende Angaben enthalten:
- Wer macht was wann, warum und wo?
- Was ist das Besondere daran, so dass es für die Öffentlichkeit interessant sein könnte?

Dass ein Zeitungsbericht eine positive Wirkung haben kann, zeigt meine Erfahrung im Anschluss an die Vorstellung im Seniorenzentrum. Nachdem ich wie oben beschrieben mit meiner damaligen Klasse 3/4 im Seniorenheim gezaubert hatte, riefen mich einige Tage später Eltern an und äußerten mir gegenüber: „Endlich steht mal was Positives über unsere Kinder in der Zeitung!" Ich meine, solche Äußerungen sind Anlass genug, die Presse in derartige Aktionen einzubeziehen.

Unterrichtseinheit Zaubern – eine Orientierungshilfe

In diesem Kapitel geht es um die mögliche Struktur einer Unterrichtseinheit zum Thema „Zaubern". Ausführlich wird der Frage nachgegangen: Wie fange ich an? Die folgenden Ausführungen sind als Anregungen zu verstehen, denn der genaue Ablauf wird sich immer an der besonderen Situation und den Rahmenbedingungen, vor allem aber an den Zauberlehrlingen und ihren Vorerfahrungen orientieren.

Wie fange ich an?

Hier folgen meine Vorschläge, um Ihre Phantasie hinsichtlich eines gelungenen Einstiegs in diese Unterrichtseinheit anzuregen.

Es geht los

Stellen Sie sich bitte vor, Sie sitzen mit Ihren Zauberlehrlingen im Kreis, jeder weiß, dass jetzt die erste Zauberstunde beginnt. Neugier und Erwartungen der Kinder sind groß. Die Zauberlehrlinge wenden stolz ihr Vorwissen an, indem Sie Ihnen die typischen Requisiten eines Zauberers nennen. Diese werden von Ihnen nach und nach hervorgeholt und auf einem Tisch präsentiert. Je nach Lerngruppe bieten sich folgende weiteren Vorgehensweisen an:

Vorwissen aktivieren

Version 1

Jetzt verkleidet sich die Anleiterin als Zauberin und präsentiert der Gruppe einen Zaubertrick. Bewährt hat sich als Einstiegstrick „Das verschwundene Geldstück". Dies zum einen deshalb, weil er für die Zauberlehrlinge leicht durchschaubar ist, da die eigentliche Trickhandlung nicht im Verborgenen geschieht, was zum Beispiel beim „Streichholztrick" der Fall ist. Zum anderen, weil die Herstellung der Requisiten einfach ist und die notwendigen Materialien kostengünstig und leicht zu beschaffen sind. Zudem ist der Trick so variabel, dass jedes Kind ihn ausführen kann und somit Erfolgserlebnisse möglich sind: Eine wichtige Voraussetzung für weitere Anstrengungsbereitschaft.

Vor der Trickpräsentation bitten Sie die Kinder, sich im „Kinositz", also in Reihen versetzt hinzusetzen und drei Meter Abstand vom Zaubertisch zu halten. Damit haben Sie schon die erste Zauberregel, „Abstand drei Meter" eingeführt. Nach der Vorführung sind sicher alle Schüler neugierig zu erfahren, wie dieser Trick funktioniert. An dieser Stelle oder vor Ihrer Präsentation bietet es sich an, über den Zaubervertrag zu sprechen und diesen unterschreiben zu lassen. Anschließend geht es weiter mit dem Lüften des Trickgeheimnisses.

siehe Seite 74

siehe Seite 92

siehe Seite 26: Zauberregeln

siehe Seite 36 : Die Vorgehensweise

Version 2

Sie fragen die Kinder nach ihren Vorerfahrungen mit dem Zaubern. Ein Kind nennt vielleicht David Copperfield. Dann können Sie dieses als Anlass nehmen, um mit allen über die Frage zu sprechen, ob man als Zauberer geboren wird. Wenn Sie die Schüler ihre Meinungen begründen lassen, erhalten Sie interessante Eindrücke über ihr Wissen und ihr persönliches Bild vom Zaubern. In dem sich anschließenden Sachgespräch über Zauberer und das Zaubern allgemein gilt es herauszuarbeiten, dass man nicht als Zauberer geboren wird. Wichtig ist die Aussage, dass die Zauberkunst etwas mit Können zu tun hat und Können erwirbt man sich durch Üben.

Die Kinder sollten des Weiteren erfahren, dass es Zauberei schon sehr lange gibt und dass diese gänzlich auf Tricks beruht. Wenn es die Aufmerksamkeit der Kinder zulässt, können Sie an dieser Stelle den Zaubervertrag einbringen. Ansonsten empfiehlt es sich, wie in Version 1 fortzufahren.

siehe Seite 162: Zaubervertrag (Kopiervorlage)

Es geht weiter: Die 2. Zauberstunde

Sie führen einen zweiten Zaubertrick vor: Die Zaubertüte.
Lassen Sie sich nicht aus der Ruhe bringen, wenn einige Kinder bei diesem Trick sagen: „Den kenn ich!" Kennen heißt nicht Können! Die Erfahrung hat gezeigt, dass die meisten von ihnen nur meinen den Trick zu kennen. Wie die Tüte gefaltet wird, wie sie beim Zaubern gehalten werden sollte, wie man damit zaubert, das alles wissen sie nicht. Deshalb ist dieser Trick in jedem Fall interessant. Vorkenntnisse können einbezogen werden, der Trick ist gut durchschaubar und in der Handhabung etwas anspruchsvoll, was seinen Wert wieder steigert. Zudem haben alle Kinder am Ende der zweiten Zauberstunde einen weiteren gebrauchsfertigen Zaubertrick. Natürlich möchten sie diesen mit nach Hause nehmen und stolz ihren Trick vorführen. Aber die Erfahrung zeigt, dass das, was mit nach Hause genommen wird, auch da bleibt und dann in der nächsten Zauberstunde zum Üben in der Schule fehlt. Deshalb beauftrage ich die Zauberlehrlinge, sich zwei Tüten anzufertigen. Die erste dürfen sie mit nach Hause nehmen, die zweite bleibt in der Schule und wird auch dort angemalt. Ich sammle die Tüten ein. Hausaufgabe: Übe den Trick mit deiner ersten Tüte zu Hause.

Die 3. Zauberstunde

Begutachten der angemalten Zaubertüten und ein erstes Vorführen des gelernten und geübten Tricks stehen zunächst im Mittelpunkt. Die Zauberlehrlinge erfahren: Die Tücke sitzt im Detail. Sie forschen nach Verbesserungen und Vereinfachungen in der Handhabung der Trickdurchführung. Dabei wird ihr Denken angeregt, sie durchdringen intensiv gedanklich das Trickgeschehen. Jeder erhält nun seine in der Schule fertig gestellte Tüte zurück. Wohin nun mit der Tüte? Meistens reagieren einige Schüler mit der Antwort: Wir brauchen einen Zauberkasten. Hausaufgabe ist es folglich, zur nächsten Zauberstunde einen leeren Schuhkarton mitzubringen. Die Anleiterin sammelt bis dahin wieder die Zaubertüten ein. Wer einen Karton mitbringt, bekommt seine Tüte zurück. Je nach verbleibender Zeit können die Zaubertüten weiter angemalt oder es kann der Zauberstab hergestellt werden. Ist die Lerngruppe recht groß und heterogen, so dass Sie viele Hilfen geben müssen, bietet sich die folgende Vorgehensweise an: eine Gruppe malt Bilder zur Verzierung des Zauberkastens, mit der anderen Gruppe stellen Sie die Zauberstäbe her.
Sollte die Zeit zu knapp sein, um mit den Zauberstäben zu beginnen, eignen sich die Zauberspiele oder Tricks für zwischendurch. Auch bietet es sich an, dass Sie den Kindern einen Trick, ein „Juwel" vorführen. Aber bitte vergessen Sie nicht: das sind Zaubertricks, die Sie den Kindern nicht verraten sollten!

siehe Seite 35: Erarbeiten und üben eines Tricks

siehe Seite 164: Zauberstab

siehe Seite 171: Zauberbilder (Kopiervorlagen)

siehe Seite 59: Zauberspiele

siehe Seite 145: „Juwelen"

Die folgenden Zauberstunden

Wie geht es weiter?

Da die weitere Abfolge sich nach der Lerngruppe richtet, seien an dieser Stelle lediglich einige Hinweise und Ideen gegeben. Einige der angesprochenen Tätigkeiten laufen sicherlich auch parallel, wie bereits in der zweiten Zauberstunde beschrieben.

Tipp 1
Beim Vorführen der Tricks die Zauberregeln situationsentsprechend nennen und aufhängen als Kleinplakat.

Tipp 2
Achten Sie darauf, dass die Schüler bei der Vorführung eines neu zu erlernenden Zaubertricks sich zuerst den Trick insgesamt anschauen und dann applaudieren. Erst danach dürfen sie Vermutungen über das Trickgeheimnis äußern. Denn die Erfahrung zeigt: Sobald Sie angefangen haben zu zaubern, rufen Ihre Zauberlehrlinge: „Das kenn ich!" oder „Ich weiß wie das geht!" und „Das geht so und so ... " Diese Einwürfe können einem jegliche Motivation zum Weiterzaubern nehmen. Auch ein guter Zuschauer zu sein will gelernt sein.
Pädagogisch wertvoll ist diese Vorgehensweise aus meiner Sicht deshalb, weil die Kinder lernen, sich zurückzuhalten. Diese Vorgehensweise bereitet die Schüler auch auf ihre eigene Rolle als Zauberer vor. Unter diesem Aspekt ist das Erlernen dieser Zurückhaltung auch ein Schutz für die angehenden Zauberer bei ihren ersten Probevorstellungen innerhalb der Gruppe. Den anderen Anerkennung zu geben, will auch gelernt sein.

Tipp 3
Vorschläge für die Reihenfolge der zu bearbeitenden Tricks finden Sie unter „Vorschläge für die Auswahl der Tricks". *siehe Seite 32*

Zauberkiste – öffne dich

Sie erfahren in diesem Kapitel, wie Sie und Ihre Zauberlehrlinge sich auf spielerische Weise dem Zaubern nähern können. Und selbstverständlich finden Sie hier Zaubertricks für Ihre Zauberlehrlinge.

Darüber hinaus sind solche Zaubertricks aufgeführt, die nur für die Hand der Anleiterin bestimmt sind, weil sie so kostbar sind.

Tricks für zwischendurch sollen Ihnen die Möglichkeit geben, spontan ohne großen Aufwand mit ihrer Zielgruppe zu zaubern.

Zauber-Spiele im Kreis

Bei den hier aufgeführten Zauber-Spielen handelt es sich um Gruppenspiele im Stuhlkreis. Sie sind sowohl als Einstieg in die Zauberei geeignet als auch für zwischendurch.

Bei den Spielen werden Fähigkeiten gefordert und gefördert, die später beim Zaubern bedeutsam sind. Dazu gehört es zum Beispiel Absprachen mit einem Partner zu treffen und diese auch einzuhalten, da sonst der Spielverlauf und -erfolg gefährdet wäre. Des Weiteren sind Konzentration, Merkfähigkeit sowie die Zusammenarbeit mit einem Partner gefordert. Zudem gilt es bei diesen Spielen, sich vor der Gruppe zu exponieren. Somit können sie als eine Hinführung auf das spätere Vorführen von Zaubertricks vor einer Gruppe genutzt werden.

Die hier aufgeführten Zauber-Spiele sind zum Teil Abwandlungen von bekannten Kreisspielen oder auch von Zaubertricks.

Magische Kräfte

Worum geht es?

Alle Mitspielenden sitzen auf ihren Plätzen oder im Stuhlkreis. Nur die Zauberin befindet sich außerhalb des Raumes. In ihrer Abwesenheit wählen die Zuschauer unter Anleitung einer Assistentin einen Gegenstand aus, der von der Zauberin später mit Hilfe von Zauberkraft zu ermitteln ist.
Die Zauberin kommt zurück in den Raum. Ihre Assistentin deutet auf verschiedene Gegenstände im Raum. Die Zauberin ist ruhig und konzentriert. Zeigt die Assistentin auf den ausgewählten Gegenstand, so kann sie ihn als diesen identifizieren, dank ihrer Zauberkraft.

Was brauchen Sie dazu?	• eine Assistentin • beliebige Gegenstände
Wie viel Zeit brauchen Sie für die Vorbereitung?	kurze Absprache

Was ist zu tun?

Die Zuschauer wählen aus dem Raum einen Gegenstand aus, der von der Zauberin ermittelt werden soll.

Das Trickgeheimnis:

Zauberin und Assistentin sprechen vorher unbemerkt die geheimen Hinweise ab. Diese können zum Beispiel folgende sein:

- Der stereotyp angewandte Fragesatz wird verändert. Die Zauberin weiß, dass der nachfolgend gezeigte Gegenstand der gesuchte ist.
- Die Assistentin zeigt auf einen blauen Gegenstand. Die Zauberin weiß, dass der nachfolgend gezeigte Gegenstand der gesuchte ist.
- Nachdem die Zauberin auf die Frage des Assistenten (z.B. „Ist es die gelbe Jacke?") mit „nee" statt wie sonst mit „nein" antwortet, muss der Assistent als nächstes auf den gesuchten Gegenstand zeigen.

| Darauf sollten Sie achten: | Die geheimen Absprachen sollten weit vor Beginn des Spiels getroffen werden, damit aus Zuschauersicht mögliche Absprachen unmöglich waren. Zudem ist es sinnvoll, verschiedene Absprachen für zwei bis drei Spieldurchgänge zu treffen. Denn es ist wahrscheinlich, dass die Zuschauer eine Wiederholung fordern verbunden mit der Hoffnung, das Trickgeheimnis lösen zu können. Wenn sich die Geheimabsprachen zwischen Zauberin und Assistent deutlich voneinander unterscheiden, werden Zuschauer keine Regelmäßigkeiten in der Trickdurchführung feststellen können, der Trick ist für sie kaum durchschaubar. | *Absprachen* |

Lernchancen:

- Die Agierenden sollten sich bei den Vorgaben für die gemeinsamen Absprachen abwechseln und müssen sich aufeinander verlassen können.
- Das Erfinden neuer Absprachemöglichkeiten fordert und trainiert die geistige Flexibilität und Phantasie.
- Konzentration und genaues Zuhören werden von beiden Agierenden gefordert.

Variationen in der Präsentation:

- Hierbei handelt es sich um eine Erweiterung bzw. Steigerung des Trickeffektes. Wenn die Zauberin das Zimmer verlässt, zeigt sie unauffällig mit den Fingern eine Zahl. Der Assistent zählt die Anzahl der Finger. Damit ist klar, wann er auf den gesuchten Gegenstand zeigen muss. Zeigt die Zauberin zum Beispiel die Zahl drei, so ist der Gegenstand, den sich das Publikum ausgesucht hat, von dem Assistenten als dritter Gegenstand zu zeigen. Die Spannung beim Publikum bzgl. des Rätsels Lösung kann gesteigert werden, wenn Assistent und Zauberin nicht miteinander reden. Absprachen scheinen somit nicht erfolgt zu sein. *Steigerung des Effekts*

- Es ist interessant, wenn die Mitspieler Gegenstände ihrer Wahl in die Kreismitte legen. Aus diesen wird dann der zu ermittelnde Gegenstand bestimmt. Den Mitspielern erscheint durch die willkürliche Zusammenstellung der Gegenstände eine Absprache von Assistentin und Zauberin unmöglich. Das Flair des Geheimnisvollen wird noch erhöht. *Gegenstände in der Kreismitte*

- Man kann dieses Spiel auch auf der Bühne als Zaubertrick vorführen. Hierzu empfiehlt es sich, entweder Gegenstände von den Zuschauern auf die Bühne bringen zu lassen oder Personen auf die Bühne zu bitten. Assistent und Zuschauer legen den gesuchten Gegenstand fest, in diesem Fall ein Kleidungs- oder Schmuckstück einer der Personen. *als Zaubertrick auf der Bühne*

Stühle riechen

Worum geht es?

Es werden drei Stühle nebeneinander in die Kreismitte gestellt. Benennen Sie diese mit den Zahlen eins, zwei und drei. Die Zauberin geht vor die Tür. Nun setzt sich ein Kind auf einen der drei Stühle. Anschließend setzt es sich wieder auf seinen Platz.
Die Spielleiterin ruft die Zauberin herein. Diese riecht an allen Stühlen und nennt schließlich den Stuhl, auf dem das Kind gesessen hat.

Was brauchen Sie dazu?	• 3 Stühle • einen eingeweihten Mitspieler
Wie viel Zeit brauchen Sie für die Vorbereitung?	keine

Was ist zu tun?

- drei Stühle nebeneinander in die Kreismitte stellen
- den Stühlen verbal Ziffern zuordnen: Stuhl 1, Stuhl 2, Stuhl 3

Das Trickgeheimnis:

Die Zauberin erkennt anhand der Anzahl der Wörter, mit denen die Spielleiterin sie herein ruft, welches der gesuchte Stuhl ist.
„Komm!" = Stuhl 1
„Komm herein!"= Stuhl 2
„Carolin, komm herein!" = Stuhl 3

Lernchancen:

- Die Anzahl der Wörter muss von der Zauberin erkannt werden.
- Merkfähigkeit

Variationen in der Präsentation:

Man kann den Zauberstab als Zauberrequisit bei diesem Spiel gut einsetzen. Hält nämlich die Zauberin ihren Zauberstab über den gesuchten Stuhl, so fängt der Stab zum Beispiel zu schwingen an.

Welcher Stuhl war es?

Worum geht es?

Vier Stühle stehen quadratisch angeordnet in der Kreismitte. Die Zauberin verlässt den Raum. Ihre Assistentin bittet nun eine Zuschauerin, sich auf einen der Stühle zu setzen und sogleich wieder aufzustehen. Die Zauberin wird hereingerufen. Ihre Aufgabe ist es nun, den Stuhl zu ermitteln, auf dem die Zuschauerin wenige Sekunden zuvor gesessen hat. Dazu fragt die Assistentin die Zauberin: „War es dieser Stuhl?" Dabei zeigt sie mit ihrem Zauberstab auf den jeweiligen Stuhl.
Schließlich zeigt sie auf den gewählten Stuhl. Die Zauberin antwortet auf ihre Frage: „Ja, auf diesem Stuhl hat die Zuschauerin gesessen."

Was brauchen Sie dazu?
- 4 Stühle mit einer viereckigen Sitzfläche
- einen Zauberstab
- einen eingeweihten Mitspieler

Wie viel Zeit brauchen Sie für die Vorbereitung?

ca. 2 Minuten

Was ist zu tun?

Vier Stühle zu einem Quadrat anordnen (2 x 2 Stühle)

Das Trickgeheimnis:

Die Assistentin gibt mit ihrem Zauberstab die Position des gesuchten Stuhles an, indem sie auf der Sitzfläche an entsprechender Stelle den Stuhl berührt. Die Sitzfläche ist hierbei ein verkleinertes Abbild der Anordnung der Stühle.

Beispiel
Der gesuchte Stuhl steht hinten rechts. Demzufolge zeigt die Assistentin mit ihrem Zauberstab auf die hintere rechte Ecke der Sitzfläche.

Darauf sollten Sie achten:	Es ist ratsam, nur ein Mal mit dem Zauberstab die Position des gesuchten Stuhls auf der Sitzfläche zu zeigen. Würde man dieses wiederholen, würden aufmerksame Zuschauer leicht hinter das Trickgeheimnis kommen. Somit ist es ratsam, dass Assistentin und Zauberin miteinander absprechen, wann die richtige Position angezeigt wird, zum Beispiel beim ersten Stuhl.	
Lernchancen:	• Raum-Lage-Wahrnehmung: beim Zeigen der richtigen Position auf dem Stuhl und bei der Übertragung der gezeigten Position auf die Stühle im Raum. • Merkfähigkeit und Konzentration: nach dem Zeigen der richtigen Position kann es noch einige „Stühle" dauern, bis der gesuchte Stuhl von der Assistentin berührt wird. • Verlässlichkeit • sprachlicher Ausdruck: bei der Anleitung des Spiels; die Anleitung kann sowohl die Zauberin (bevor sie den Raum verlässt) als auch die Assistentin vornehmen.	
Variationen in der Präsentation:	Der Trick wird interessanter und zugleich für die Agierenden auch anspruchsvoller, wenn man die Anzahl der Stühle erhöht.	
	• Von vier Stühlen kann man problemlos auf fünf Stühle erhöhen. Die Stühle müssten dann entsprechend der fünf Augen auf einem Würfel angeordnet werden. Das Finden und Zeigen der Position auf der Sitzfläche ist bei dieser Anzahl noch eindeutig vorzunehmen. Dies gilt auch für sechs Stühle.	*5 Stühle*
	• Wenn auf neun Stühle erhöht wird, muss die Assistentin sehr genau zeigen und die Zauberin dieses Bild sicher auf die Stühle im Raum übertragen können. Diese Variation ist allerdings für die Zuschauer sehr interessant, da es so für sie schwierig ist, auf das Trickgeheimnis zu kommen. Allgemein bekannte Spielregeln wie beim Spiel „Stühle riechen" können sie hier im Spielablauf nicht wieder erkennen und müssen ganz neu kombinieren und nachdenken. In meinen Fortbildungskursen ist es erst ein Mal einem Teilnehmer gelungen, das Geheimnis zu lüften.	*9 Stühle*
	Wollen Sie die Wahrscheinlichkeit herabsetzen, dass der Trick durchschaut wird, so führen Sie ihn nicht zu oft durch. Nach meiner Erfahrung sind drei Durchgänge genug.	

Wer hat das Zauberbuch berührt?

Worum geht es?

Die Zauberin legt ihr Zauberbuch in die Kreismitte. Anschließend verlässt sie den Raum. Eine der zuschauenden Personen berührt das Buch. Die Zauberin wird hereingerufen. Nach ein paar Augenblicken der Konzentration zeigt die Zauberin auf die gesuchte Person oder nennt diese beim Namen.

Was brauchen Sie dazu?	• 1 Zauberbuch • eine eingeweihte Person
Wie viel Zeit brauchen Sie für die Vorbereitung?	kurze Absprache

Was ist zu tun?

Die Zauberin spricht sich im Verborgenen mit einer eingeweihten Person ab.

Das Trickgeheimnis:

Sobald die Zauberin den Raum wieder betritt, spiegelt die eingeweihte Person die Körperhaltung der gesuchten Person. Schon beim Reinkommen in den Raum ist diese Spiegelung für die Zauberin zu bemerken, denn nur diese beiden Personen haben die annähernd gleiche Körperhaltung.

Darauf sollten Sie achten:

- Die Absprache zwischen Zauberin und eingeweihter Person sollte nicht unmittelbar vor dem Spiel erfolgen, das wäre verräterisch. Sie sollte also schon lange Zeit vorher im Verborgenen erfolgt sein.
- Sollte die Gehilfin selbst gewählt werden, dann macht sie verrückte, ausgefallene Bewegungen als Signal für die Zauberin.

Lernchancen:
- Körperwahrnehmung: die Körperhaltung eines anderen genau zu erfassen und diese mit dem eigenen Körper nachahmen.
- sozialen-emotional: die eingeweihte Person darf sich beim Nachahmen der Körperhaltung nicht in den Vordergrund spielen.

Zaubertricks alphabetisch

In diesem Kapitel sind Zaubertricks aufgeführt, die sich zur Vorführung vor einer Zuschauergruppe eignen. Alle hier dargestellten Tricks haben sich in der Praxis bewährt. Kinder mit besonderem Förderbedarf lassen sich integrieren, da bei vielen Tricks die Lernanforderungen reduziert oder erweitert werden können. Diese Reduktionen und Erweiterungen sind in den Trickdarstellungen jeweils unter der Rubrik „Variationen ..." und „Ideen ... " zu finden.

Die Knalltüte

Worum geht es?

Die Zauberin zeigt dem Publikum eine leere Papiertüte und ein Papiertaschentuch, welches mit verschiedenen Farben betupft ist. Jetzt steckt sie das Tuch in die Tüte hinein und knüllt den Tütenrand so zusammen, dass nur noch ein kleines Loch offen bleibt. Die Zauberin hebt die Tüte an den Mund. Nun bläst sie diese durch das kleine Loch auf, bis sie ganz prall ist.
Jetzt spricht sie laut einen Zauberspruch und bringt anschließend mit einem kräftigen Schlag die Tüte zum Platzen. Der Knall ist so laut, dass sich die Zuschauer erschrecken. Und dann: Konfetti wirbelt aus der Tüte, das Tuch ist verschwunden, es hat sich in Konfetti verwandelt.
Applaus für die Zauberin!

Zauberspruch: „Donnerschlag und Hexenschrei, aus einem Tuch wird Allerlei!"

alternativ musikalische Begleitung möglich

Was brauchen Sie dazu?
- 2 identische Papiertüten
- 1 Papiertaschentuch
- Bürolocher
- Schere
- Klebestift
- Filzstifte
- Konfetti

Wie viel Zeit brauchen Sie für die Vorbereitung?

ca. 10 Minuten

Was ist zu tun?

Nehmen Sie zwei identische Papiertüten, die blickdicht sind. Von einer dieser Tüten schneiden Sie vom Öffnungsrand einen ca. 3 cm breiten Streifen ab.
In dieselbe Tüte stanzen Sie mit einem Bürolocher ca. 10-15 Löcher in die untere geschlossene Seite.
In die zweite Tüte füllen Sie Konfetti.
Schieben Sie nun die mit Löchern versehene Tüte so in die Tüte mit dem Konfetti, dass beide Tüten an den oberen Rändern zusammengeklebt werden können.

Das Trickgeheimnis:	Man gibt das Taschentuch in die innere Tüte. Beim Aufpusten gelangt Luft durch ihre Löcher auch in den Zwischenraum zur äußeren Tüte. Dadurch wird auch diese aufgeblasen. Schlägt man nun auf die Tüten, so platzt nur die äußere Tüte und Konfetti wirbelt heraus. Die innere Tüte bleibt unversehrt, da der Überdruck durch die vorhandenen Löcher entweichen kann. In ihr ist das Taschentuch versteckt.
Darauf sollten Sie achten:	Die beiden Papiertüten sollten blickdicht sein, da sonst Tuch und Konfetti von den Zuschauern gesehen werden könnten und die Illusion damit gefährdet wäre.
Lernchancen:	• zielgerichtetes Pusten • feinmotorische Fähigkeiten bei der Herstellung
Variationen in der Präsentation:	• Dieser Zaubertrick eignet sich gut zur Darbietung mit Musik, da die eigentliche Trickhandlung keinerlei sprachlicher Begleitung bedarf. • Gibt man zwei oder mehr verschiedenfarbige Faltblätter in die innere Tüte, kann man aus diesen Konfetti in denselben Farben zaubern. Dazu füllt man Konfetti vor der Vorführung in die äußere Tüte.
Ideen zu den Requisiten:	**Konfetti** • Man kann Konfetti selbst herstellen, indem man farbige Faltblätter in kleine Stückchen reißt oder schneidet. **Papiertüte** • Es haben sich Brötchentüten bewährt, da sie recht blickdicht sind. In manchen Bioläden wird Brot in braunen Tüten verpackt. Diese eignen sich ebenfalls für diesen Trick. • Man kann auch Frühstückstüten, die in Drogerie- oder Supermärkten erhältlich sind, benutzen. Da sie durchscheinend sind, sollte man die äußere Tüte vorher anmalen.

siehe Seite 43:
Tipps zur
musikalischen
Begleitung

Drei Zauberscheren

Worum geht es?

Die Zauberin bittet drei Prinzen und eine Prinzessin auf die Bühne. Den Zuschauern erklärt sie, dass diese drei Prinzen gerne die Prinzessin heiraten möchten. Der König hat ihnen jedoch eine schwere Prüfung auferlegt. Ein Papierring muss so zerschnitten werden, dass aus dem einen Ring zwei ineinander verschlungene Ringe entstehen. Die Zauberin des Königs verzaubert dazu mit einem Zauberspruch drei Scheren. Nur eine dieser Scheren wird das geforderte Ergebnis bringen. Jeder Prinz darf sich eine der drei Zauberscheren aussuchen. Nacheinander schneiden sie die Papierringe entzwei. Der erste Prinz schneidet aus dem einen Ring zwei einzelne Ringe. Der zweite Prinz schneidet aus dem Ring einen großen Ring. Der dritte Prinz hat Glück: Er schneidet mit seiner Zauberschere zwei ineinander verschlungene Ringe. Prinzessin und Prinz tanzen zusammen. Dazu singen alle Mitspieler die letzte Strophe aus dem Lied „Dornröschen... ": Da feierten sie das Hochzeitsfest... .

Zauberspruch: „Zwei eng vereint – nur eine Schere dieses schafft. So flieg herbei, du Zauberkraft!"

Was brauchen Sie dazu?
- 3 Streifen Papier ; jeder ca. 150 cm lang, 3 cm breit. Papiersorte: Seidenpapier oder Krepppapier oder Kassenrollen
- 3 Scheren
- Klebestift

Wie viel Zeit brauchen Sie für die Vorbereitung?
- ca. 5 Minuten

Was ist zu tun?

Der erste Streifen wird zu einem Ring zusammengeklebt.
Beim zweiten Streifen wird ein Ende um 180 Grad gedreht, dann ebenfalls zu einem Ring zusammengeklebt.
Ein Ende des dritten Streifens wird zwei Mal gedreht (360 Grad) und dann zu einem Ring zusammengeklebt.

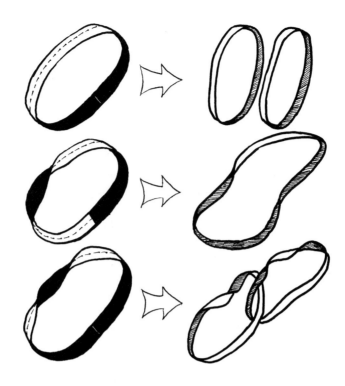

Das Trickgeheimnis: Die Ringe werden mit der Schere der Länge nach durchgeschnitten. Damit man sie voneinander unterscheiden kann, ist es hilfreich, sie vor der Vorführung an den Klebestellen zu markieren. Als hilfreich haben sich die Farben rot, gelb, grün analog der Ampel erwiesen. Die rote Markierung wird auf den Ring ohne Drehung gemalt. Ein grüner Punkt kommt auf den „Hochzeitsring".

Tipp

Anmerkung:
Das Phänomen hat zum ersten Mal der deutsche Mathematiker August F. Möbius (1790 - 1868) beschrieben. Deshalb wird dieser Ring das „Möbiussche Band" genannt.

Darauf sollten Sie achten: **Bei der Präsentation**
Um den Inhalt der Geschichte zu unterstützen, sollten die Scheren optisch voneinander zu unterscheiden sein. Man kann sie zum Beispiel mit farbigen Bändern schmücken oder die Griffe mit farbigem Klebeband umwickeln oder Scheren mit verschiedenfarbigen Griffen benutzen.

Scheren verzieren

Beim Schneiden
Es sollte sichergestellt sein, dass die „Prinzen" die Ringe zügig durchschneiden können, da sonst die Wartezeit für die Zuschauer zu einer Geduldsprobe werden kann und ihre Aufmerksamkeit nachlässt. Um dem vorzubeugen, kann während des Schneidens eine Begleitmusik erklingen: „Hofmusiker, spielt ein Lied!" Das können zum Beispiel Trommelwirbel sein oder kurze Flö-

das Schneiden musikalisch begleiten

tenstücke oder Melodien auf dem Glockenspiel. Auf diese Weise können zudem viele Kinder in das Trickgeschehen einbezogen werden.
Als Orientierungshilfe beim Schneiden kann es sinnvoll sein, vorher auf dem jeweiligen Ring eine Schneidelinie zu ziehen.

Lernchancen:

- mit der Schere einen Papierstreifen der Länge nach durchschneiden können, bzw.
- mit der Schere entlang einer Linie schneiden können

Variationen in der Präsentation:

Für ältere Zauberlehrlinge bietet es sich an, die Handlung mit einem Reim sprachlich zu begleiten. Dabei sind folgende unterschiedlichen Vorgehensweisen möglich:

siehe Seite 73: Reim

1. Die Zauberin führt den Trick alleine vor, d.h. sie schneidet die Ringe selbst durch und begleitet ihre Handlung mit dem unten stehenden Reim.
2. Die Zauberin schneidet die Ringe durch. Ein Sprecher liest dazu den Reim vor. Der Sprecher richtet sich dabei nach der Zauberin.
3. Drei Zauberinnen schneiden jeweils einen Ring durch. Die Sprecherin liest den Reim vor und orientiert sich dabei an den Zaubernden.

Bei diesen drei Variationen empfehle ich, den Trick umzubenennen in „Drei Papierringe". Somit stehen nicht die Scheren im Mittelpunkt, sondern die Ringe. Dies hat sich bei älteren Zauberlehrlingen als altersangemessener erwiesen.

Titel des Tricks

Bei diesen Variationen bietet es sich an, das Schneiden rhythmisch zu begleiten, indem die Worte „schnipp-schnapp-zipp-zapp" aus dem Reim aufgegriffen werden. Man kann dabei auch die Zuschauer einbeziehen.

Drei Papierringe

Hier habe ich drei Ringe,
damit vollbring' ich Wunderdinge.
Ich nehm' die Zauberschere in die Hand
und führe sie hier gleich entlang.

Schnipp – schnapp – zipp – zapp
der Schnitt, der ist vollbracht.
Und aus einem Ring hab' ich schnell zwei gemacht.

Den zweiten Ring nehme ich in die Hand
und schneide auch hier wieder entlang.

Schnipp – schnapp – zipp – zapp
der Schnitt ist vollbracht.
Und aus einem Ring hab' ich einen großen gemacht.

Den dritten Ring nehm' ich in die Hand
und schneide auch hier entlang.

Was wird wohl mit dem dritten Ring gescheh'n?
Wollt ihr das seh'n?

Schnipp – schnapp – zipp – zapp
der Schnitt ist vollbracht.
Und aus einem Ring hab' ich eine Kette gemacht.

(Heike Busse)

© 2002 *borgmann publishing*, Dortmund • aus: Busse, Zauberhaftes Lernen, Bestell-Nr. 8317

Ein Geldstück verschwindet

Worum geht es?

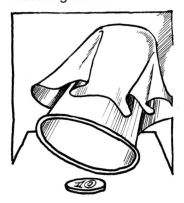

Auf dem Zaubertisch liegt ein Blatt weißes Papier. Darauf befinden sich ein Geldstück, ein umgedrehtes Glas und ein Zaubertuch. Nun legt die Zauberin das Tuch über Glas und Münze, macht ein paar kreisende Bewegungen mit dem Tuch und spricht den Zauberspruch. Jetzt nimmt sie das Tuch schwungvoll vom Glas – das Geld ist verschwunden!

Auf die Frage: „Kannst du das Geldstück auch wieder herzaubern?", reagiert sie mit einem klaren „Ja". Sie bedeckt wieder das Glas mit ihrem Zaubertuch, macht mit dem Tuch ein paar kreisende Bewegungen und spricht einen anderen Zauberspruch. Bei diesen Worten nimmt sie das Tuch wieder schwungvoll vom Glas und siehe da, das Geldstück liegt wieder neben dem Glas. Damit alle Zuschauer das Geld auch sehen können, hält sie es für alle sichtbar in die Höhe.
Applaus für die Zauberin!

Zaubersprüche:
„Katzendreck und Mäusespeck, das Geld ist weg. Hoch das Tuch!"

„Hokus pokus Zauberglück, Geldstück komm zurück. Hoch das Tuch!"

Was brauchen Sie dazu?

- 1 Trinkglas (ehemalige Senfgläser sind sehr geeignet, weil sie sich durch die Verjüngung am Boden gut festhalten lassen) oder
- 1 durchsichtiger Plastikbecher mit einem möglichst flachen breiteren Rand
- 2 Blätter weißes DIN A 4 Papier
- 1 Klebestift
- 1 Bleistift
- 1 Schere
- 1 Zaubertuch, geeignet sind auch Servietten
- 1 Geldstück

Wie viel Zeit brauchen Sie für die Vorbereitung?

ca. 5 Minuten

Was ist zu tun?   Die Öffnung des Glases muss mit weißem Papier beklebt werden. Dieses sollte sehr sorgfältig geschehen, denn das Papier darf nicht über den Glasrand hinausragen. Die Glasöffnung muss vollständig abgedeckt sein.

Das Trickgeheimnis: Da die Öffnung des Glases mit dem gleichen Papier zugeklebt wurde, das auch als Unterlage dient, fällt die zugeklebte Öffnung des Glases überhaupt nicht auf. Für die Zuschauer sieht es so aus, als stünde ein normales Trinkglas umgedreht auf der weißen Unterlage. Stellt man dieses entsprechend präparierte Glas nun auf das Geldstück, so ist es verschwunden. Die kreisende Bewegung führt man also mit Tuch und Glas aus.

Darauf sollten Sie achten:

Beim Präparieren
- Beim Ausschneiden der Papierscheibe hat es sich als hilfreich erwiesen, diese etwas größer als benötigt ausschneiden zu lassen. Es ist einfacher nach dem Aufkleben den überstehenden Rand mit der Schere wegzuschneiden, als ein zu klein geratenes Stück der Glasöffnung anzupassen.
- Weiterhin hat sich bewährt, zum Kleben ausschließlich Klebestifte zu verwenden, da die Klebstoffmenge leichter zu dosieren ist und demzufolge kein verräterischer Klebstoff innen oder außen am Glas sichtbar ist. Man tupft am besten mit dem Klebestift auf dem Glasrand bzw. Rand des Plastikbechers entlang. Die vorher ausgeschnittene und angepasste Papierscheibe wird anschließend auf die Glas- bzw. Becheröffnung gelegt und festgedrückt.

Bei der Präsentation
Ganz gleich, welche der unten aufgeführten Varianten der Trickvorführung Sie wählen, folgende Dinge sind immer zu beachten:
- Beim Tragen von Glas, Papier, Geld und Tuch darf auf keinen Fall die präparierte Öffnung für die Zuschauer sichtbar werden. Das Trickgeheimnis wäre verraten! Damit das nicht passiert, ist es ratsam, beim Tragen das Glas und das Geld mit dem Tuch abzudecken.
- Das Glas sollte links oder rechts von der Mitte platziert werden, weil die geringfügige Änderung des Platzes den Zuschauern dadurch nicht so leicht auffällt.
- Es ist ratsam, das Geldstück direkt rechts oder links neben dem umgedrehten Glas zu platzieren, weil das Glas somit nicht weit verrückt werden muss, um das Geld abzudecken, Treffsicherheit ist gegeben.

Requisiten tragen

Platzieren des Glases auf der Unterlage

Platzieren des Geldes

Lernchancen:

Beim Präparieren
feinmotorische Fähigkeiten

Bei der Präsentation
Die Anforderungen variieren je nach gewählter Präsentation (siehe unter Variationen). Grundsätzlich werden folgende Anforderungen an die Zauberin gestellt:
- Auge-Hand-Koordination
- Raum-Lage-Wahrnehmung

Variationen in der Präsentation:

Variation 1
Die Zauberin führt den Trick alleine vor. Sie verdeckt mit dem Tuch vollständig das Glas und das Geld. Da sie somit nicht kontrollieren kann, ob die Glasöffnung auch wirklich auf dem Geldstück liegt, wenn sie das Tuch hochnimmt, ist hierbei immer ein gewisses Restrisiko vorhanden. Außerdem sind die Anforderungen an die Treffsicherheit immens hoch. Die Anleiterin sollte in der Nähe der Vorführenden stehen, um ggf. „rettend" einzugreifen.

Präsentation für eine Person

anspruchsvoll

Variation 2
Der Trick wird zu dritt vorgeführt, von der Zauberin und ihren Assistentinnen. Die Assistentin hält das Tuch vor das Glas. Alle Gegenstände bleiben für die Zauberin gut sichtbar. Die Zauberin spricht langsam den Zauberspruch. Parallel dazu hebt sie ihre Hände langsam auf und ab. Beim Auf ist ihre eine Hand über dem Tuch, also auch für die Zuschauer sichtbar. Die andere Hand ist dann

Präsentation für drei Personen

reduzierte Anforderungen, hohe Wirkung

hinter dem Tuch. Hier hat sie Zeit und die Gelegenheit, das Glas umzusetzen. Wann das Umsetzen geschieht, ist nicht festgelegt, es muss jedoch geschehen sein, wenn der Zauberspruch beendet ist und sie sagt „Hoch das Tuch".

Die Zauberin ist angehalten, sich die Zeit einzuteilen und ihre Bewegungen so langsam auszuführen, dass sie die Bewegung des Umsetzens in das „natürliche" Auf und Ab der Hände integrieren kann, d.h. ein Unterbrechen des Bewegungsflusses nicht eintritt.

Sollte die Zauberin mit der Bewegungskoordination und dem Aufsagen des Zauberspruchs überfordert sein, könnte man den Zauberspruch auch von einer Assistentin sprechen lassen.

Erweiterung des Trickablaufs

Statt mit einer Münze kann dieser Trick mit zwei oder gar mehr Münzen vorgeführt werden. Man nennt das Ganze dann vielleicht „Die Geldmaschine". So kann zum Beispiel bereits eine Münze vor der Aufführung unter dem Glas liegen. Direkt daneben, also für die Zuschauer sichtbar, platziert man die zweite Münze. Zunächst lässt die Zauberin diese Münze in bekannter Weise verschwinden. Der Zauberspruch dazu besagt aber, dass sich die Münzen verdoppeln sollen. Man gibt sich erstaunt, wenn nun die Münze verschwunden ist. Ein neuer Versuch wird gestartet, diesmal mit einem anderen Zauberspruch – der vorangegangene hat ja nicht zum gewünschten Erfolg geführt. Und dann, zwei Münzen erscheinen.

Die Geldmaschine hat die Münzen verdoppelt.

Präsentation mit zwei Münzen

Ideen zu den Requisiten:

Bewährt hat sich auch Filz als Material für die Abdeckung des Glases bzw. Plastikbechern und als Unterlage. Filz lässt sich zuverlässiger und einfacher festkleben. Man sollte allerdings den Test machen und aus drei Meter Entfernung schauen, ob der Becher dann aus Zuschauersicht direkt auf der Filzunterlage steht. Es kann vorkommen, dass der Becher und hier insbesondere der Plastikbecher für den aufmerksamen Zuschauer auf der Unterlage zu schweben scheint. Dieser Eindruck entsteht durch die Dicke des Filzes.

Gedankenlesen

Worum geht es?

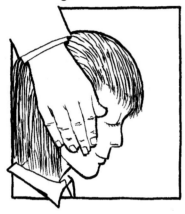

Der Assistent der Zauberin verkündet, dass diese Gedanken lesen kann. Um das zu beweisen, möge die Zauberin doch vor die Tür gehen. Nun einigen sich Zuschauer und Assistent auf eine Zahl von eins bis drei. Dazu machen die Zuschauer Vorschläge und zeigen eine dieser Zahlen mit den Fingern – es könnte ja sein, dass die Zauberin hinter der Tür lauscht. Der Assistent zeigt mit seinen Fingern die Zahl, die von den Zuschauern am häufigsten gewählt wurde. Nun wird die Zauberin hereingebeten. Der Assistent setzt sich auf einen Stuhl, die Zauberin stellt sich dahinter und bedeckt mit ihren Händen Schläfen und Wangen des Assistenten.

Der Assistent fragt: „Zauberin, bist du bereit?" Die Zauberin antwortet: „Ja!" Der Assistent sagt: „Es geht los!"

Absolute Ruhe herrscht im Raum. Nach einer Weile steht der Assistent wortlos auf und stellt sich neben seinen Stuhl. Alle Blicke sind nun auf die Zauberin gerichtet. Sie schaut konzentriert zur Decke, blickt dann in die Zuschauermenge und verkündet: „Es ist die Zahl ... ."

Applaus für die Zauberin!

Was brauchen Sie dazu?
- einen eingeweihten Assistenten
- 1 Stuhl

Wie viel Zeit brauchen Sie für die Vorbereitung?

keine

Was ist zu tun?

s.o.

78

Das Trickgeheimnis: Der Assistent beißt die Zähne zusammen und zwar so oft, wie es der gewählten Zahl entspricht. Die Zauberin, die ihre Hände in oben beschriebener Weise auf das Gesicht des Assistenten gelegt hat, kann diese Beißbewegungen an seinen Kaumuskeln spüren und mitzählen. Das ist ein Grund dafür, dass die Zauberin ihre Hände in oben beschriebener Weise auf das Gesicht des Assistenten legt. Gleichzeitig werden die Bewegungen durch die aufgelegten Hände verdeckt.

Darauf sollten Sie achten: Ein klares Signal für den Beginn und das Ende der Beißbewegungen ist hilfreich für die Zauberin und den Assistenten. Versehentliche kleine Beißbewegungen, die vielleicht vor Nervosität gemacht werden, gefährden somit nicht das Gelingen des Tricks. Ein weiterer Grund für das klare Signal ist, dass der Assistent vielleicht schon mit den geheimen Bewegungen beginnt, die Zauberin aber noch unaufmerksam ist und so die ersten „Beißer" nicht wahrnimmt, demzufolge auch ein falsches Ergebnis ermittelt.

eindeutige Signale setzen

Folgender Ablauf hat sich bewährt:

1. Der Assistent hilft wortlos der Zauberin, ihre Hände richtig zu platzieren.
2. Der Assistent fragt die Zauberin: „Zauberin, bist Du bereit?"
3. Die Zauberin antwortet: „Ja."
4. Der Assistent sagt: „Es geht los."
   – Stille –
5. Der Assistent steht auf, wenn er mit seinen geheimen Bewegungen fertig ist und stellt sich neben seinen Stuhl, damit die Aufmerksamkeit der Zuschauer auf die Zauberin gerichtet ist.
6. Die Zauberin nennt gewichtig die ermittelte Zahl: „Es ist die ..."

Die Beißbewegungen sollten langsam und gleichmäßig hintereinander erfolgen, das erleichtert das Mitzählen.
Da die Bewegungen anstrengend werden können und man mit wenigen sicherer zum richtigen Ergebnis kommt, sollte man sich auf die Zahlen eins bis drei beschränken.

Tipp

Lernchancen:	**Für den Assistenten** • Sprachlicher Ausdruck: Den Zuschauern in verständlicher Weise den Ablauf erklären. • Motorik: Die notwendigen Bewegungen verstehen und umsetzen können. **Für die Zauberin** • Die mit den Händen gespürten Beißbewegungen mitzählen können	
Variationen in der Präsentation:	• Wenn Zauberin und Assistent gut geübt haben, ist es möglich, dass der Assistent seine Hände ohne die Unterstützung durch die Zauberin an der richtigen Stelle im Gesicht der Zauberin platziert. Diese Variante hätte den Vorteil, dass Zauberin und Assistent sich nicht an den Händen berühren müssten.	*Zauberin und Assistent berühren sich nicht an den Händen*
	• Dieser Trick eignet sich auch als Abschlusstrick, wenn man ihn wie folgt verändert: Alle Zauberinnen und Zauberer stellen sich treppenartig hintereinander. Die unterste Person sitzt in der Hocke, die oberste steht ggf. auf einem Stuhl. Der Ablauf ist dem oben genannten sehr ähnlich: Die unterste Person ist der Assistent, hinter ihm stehen weitere Assistenten, die ihre Hände an die Schläfen und Wangen ihrer jeweiligen Vorgänger halten. Der erste Assistent fragt die anderen: „Seid ihr bereit?" Sie antworten gemeinsam: „Ja." Und nun werden die geheimen Bewegungen wie beim Spiel „Stille Post" weitergegeben, bis sie bei der letzten Person, der Zauberin angekommen sind. Diese verkündet das Ergebnis, alle Assistenten und die Zauberin verbeugen sich. Diese Variante stellt allerdings hohe Anforderungen an alle Beteiligten, da die eindeutigen Hinweise auf Beginn und Ende der jeweiligen Beißbewegungen fehlen.	*Trickablauf mit vielen Zauberinnen und Zauberern*

Hellseherische Kräfte

Worum geht es?

Die Zauberin hält einen kleinen Block und einen Bleistift in der Hand. Nun bittet sie die Zuschauer, Namen von Lehrern ihrer Schule zu nennen. Die Zauberin notiert alle Namen. Dabei schreibt sie jeweils einen Namen auf einen Zettel, reißt diesen vom Block und faltet ihn zweimal. Diese gefalteten Zettel legt sie in ihren Zauberhut.
Ein Zuschauer möge jetzt einen Zettel seiner Wahl aus dem Hut ziehen und ihn der Zauberin geben. Die Zauberin geht mit Hut und Zettel zurück zu ihrem Zaubertisch. In dem Hut befinden sich alle restlichen Zettel.
Nun stellt sie einen großen Teller auf den Zaubertisch. Sie legt alle Zettel aus dem Hut auf diesen Teller. Den vom Zuschauer ausgewählten Zettel legt sie jedoch unter ihren Zauberstab.
Jetzt entzündet sie alle Zettel im Teller, konzentriert sich auf die entstehende Asche und sagt einen Zauberspruch. Dann senkt sie den Blick und spricht: „Auf dem ausgewählten Zettel steht .... ."
Sie öffnet den gefalteten Zettel und zeigt den Zuschauern, was darauf steht.
Applaus für die Zauberin!
Applaus für den Zuschauer!

Zuschauer einbeziehen

Zauberspruch: „Quirlequax und quirlequix, Zauberkraft komm fix!"

Was brauchen Sie dazu?

- 1 kleinen Block
- 1 Bleistift
- 1 Zauberhut oder
- 1 Gefäß für die zusammengefalteten Zettel
- 1 großen tiefen Teller
- Feuerzeug oder Streichhölzer
- 1 Zauberstab

Wie viel Zeit brauchen Sie für die Vorbereitung?

ca. 3 Minuten

Was ist zu tun?

Bereitstellen der oben genannten Materialien.

Das Trickgeheimnis:		Die Zauberin schreibt auf jeden Zettel das Gleiche, nämlich den Namen, den der erste Zuschauer genannt hat.
Darauf sollten Sie achten:		Beim Schreiben sollte man das jeweils genannte Wort murmelnd mitsprechen, obwohl man ein anderes Wort aufschreibt. Auch die Wortlänge sollte beachtet werden. Ggf. muss in der Luft weitergeschrieben werden, sollte das Zuschauerwort länger sein als das zuerst genannte Wort.
Lernchancen:		• geteilte Aufmerksamkeit • hohes Maß an Konzentration • Schreibfähigkeit • Kontakt zu den Zuschauern herstellen • sprachlicher Ausdruck

Variationen in der Präsentation:

- Statt der Lehrernamen können beliebig andere Bereiche vorgegeben werden, die von den Zuschauern genannt werden sollen. Für ältere Kinder ist oft das Nennen von Popstars attraktiv. Mit einer Lerngruppe könnte die Anleiterin so zum Beispiel auch Oberbegriffe festigen. *alternative Vorgaben*

- Sollte Ihnen der Einsatz von Zündmitteln für Ihre Zaubergruppe zu gefährlich erscheinen, lässt man diesen Schritt einfach weg. In diesem Fall riecht die Zauberin an dem Zettel, der von einem Zuschauer gezogen wurde. Vielleicht befühlt sie ihn auch noch. Dann sagt sie: „Es ist ... ." *ohne Zündmittel*

Jungen- oder Mädchenname

Worum geht es?

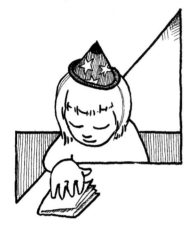

Die Zauberin bittet einen Zuschauer als Schriftführer auf die Bühne. Aufgabe des Schriftführers ist es, alle Jungen- und Mädchennamen aufzuschreiben, welche die Zuschauer ihm zurufen. Er notiert diese jeweils auf einem der vor ihm liegenden Zettel. Die Zauberin soll später aus allen Zetteln den zuerst genannten Namen herausfinden. Nachdem die Zauberin dem Publikum sowie dem Schriftführer die Aufgaben erklärt hat, verlässt sie den Raum. Wenn der Schriftführer alle Zettel mit Namen beschrieben und diese zweimal gefaltet hat, bittet er die Zauberin herein. Die Zauberin prüft mit magischen Gesten alle Zettel und spricht einen Zauberspruch. Nach einer Weile greift sie einen Zettel heraus und liest den Namen vor: Es ist der vom Publikum zuerst genannte Name!
Applaus für die Zauberin!
Applaus für den Zuschauer!

einen Zuschauer als Schriftführer einbeziehen

alle Zuschauer einbeziehen

Zauberspruch: „Sirin, Sirun, Siran, welcher Name ist jetzt dran?"

 Was brauchen Sie dazu?

- 1 DIN A 4 Blatt
- 1 Bleistift

 Wie viel Zeit brauchen Sie für die Vorbereitung?

ca. 5 Minuten

Was ist zu tun?

Ziel ist es, aus dem A4 Blatt neun gleich große Zettel zu bekommen. Dazu wird das Blatt 2 mal in der Länge und 2 mal in der Breite gefaltet.

Faltanleitung

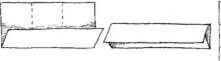

Das Trickgeheimnis:	Das entsprechend der oben angegebenen Anleitung gefaltete Papier wird an den Faltlinien auseinander gerissen. Dabei fällt auf, dass nur ein Zettel an allen vier Seiten Reißkanten hat. Alle anderen Zettel haben mindestens eine gerade Schnittkante. Der gesuchte Name wird auf diesen Zettel geschrieben. Die Zauberin kann ihn an seinen vier Reißkanten erkennen.	*Reißkanten sind wichtig*
	Da der Schriftführer nicht in das Trickgeheimnis eingeweiht wird, ist es absolut wichtig, dass der Zettel mit den vier Reißkanten als erstes von ihm beschrieben wird. Wie erreicht man das?	*Schriftführer ist nicht eingeweiht*
	Es haben sich dazu folgende Möglichkeiten bewährt:	
	1. Man legt den präparierten Zettel oben auf den Zettelstapel.	
	2. Eine Assistentin reicht dem Schriftführer nacheinander die zu beschriftenden Zettel.	
	Nachdem die Zauberin hereingerufen wurde, führt sie ihre Hände mit magisch anmutenden Bewegungen über die Zettel. Dabei ist ihr Blick auf die Ränder der Zettel gerichtet, was keiner aus dem Publikum vermuten wird.	*Hände kreisen lassen oder auf und ab bewegen*
Darauf sollten Sie achten:	Wenn Sie diesen Trick ausprobieren, werden Sie feststellen, dass die Reißkanten nicht bei allen gefalteten Zetteln sofort sichtbar sind. Das liegt daran, dass die Zettel zweimal gefaltet sind. Dieses Falten ist jedoch notwendig, damit die Zauberin die Schrift nicht sieht. Für die Zauberin ist es hilfreich und teilweise notwendig, die Zettel umzudrehen. Dadurch kann sie sich vergewissern, ob dies der Zettel mit den 4 Reißkanten ist.	*Reißkanten sind nicht offensichtlich*
	Das Suchen lässt sich in die Handlung einbauen, indem man zum Beispiel an den Zetteln riecht und sie zunächst nach dem geheimen Kriterium sortiert: vier Reißkanten oder nicht. Diese erste Vorauswahl kann recht zügig vonstatten gehen. Die in die engere Wahl gekommenen Zettel können danach in Ruhe gedreht und gewendet werden, um alle Kanten genau sehen zu können. Für die Zuschauer sieht es so aus, als würde die Zauberin die einzelnen Zettel genau befühlen, um mit Hilfe Ihres Tastsinns den gesuchten Zettel zu ermitteln. Wenn man sich dann sicher ist, kann man zur Steigerung des Showeffektes auch mit dem Zauberstab über die sich in der engeren Wahl befindlichen Zettel kreisen. Über dem gesuchten Zettel schlägt der Zauberstab plötzlich heftig aus.	*Hilfen, um den Zettel mit den Reißkanten bequem zu finden*
Lernchancen:	**Beim Erkennen der unterschiedlichen Kanten** • visuelle Diskrimination • Konzentration	

Variationen in der Präsentation:

Für Nichtleser
- Die Zauberin geht mit ihrer Assistentin vor die Tür. Wenn beide wieder in den Raum gerufen werden, stellt sich die Assistentin neben den Zaubertisch. Die Zauberin steht in der Mitte hinter dem Zaubertisch. Durch diese zentrale Position bleibt sie für alle Zuschauer erkennbar die Hauptperson. Wie oben beschrieben, führt sie magische Bewegungen aus. Nachdem sie den richtigen Zettel an den vier Reißkanten erkannt hat, reicht sie diesen der Assistentin. Diese liest den Namen laut vor und dreht den Zettel so um, dass skeptische Zuschauer diesen bei Bedarf auch lesen können.

mit Assistentin

Vereinfachung der Trickhandlung
- Wenn man die beschrifteten Zettel nicht faltet, sondern sie nur umdreht, kann man den Zettel mit den vier Reißkanten leichter erkennen. Die Präsentation ist dann nicht ganz so spektakulär, da das Befühlen und Wenden der Zettel entfällt. Achten Sie darauf, dass die Schrift auf den Zetteln nicht durchscheint.
- Falten Sie einen Zettel so, dass drei Teile entstehen. Wenn Sie die Teile auseinanderreißen, haben Sie nur einen Zettel mit zwei Reißkanten. Dies ist der Zettel, der zuerst beschrieben wird.

Zettel nicht falten

Faltvorgang ändern

Veränderung der Trickhandlung
- Der Zettel mit den vier Reißkanten liegt zum Beispiel an dritter Stelle im Zettelstapel. Die Assistentin fragt die Zauberin dann nach dem an dritter Stelle genannten Namen.

Magische Kiste

Worum geht es?

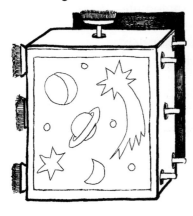

Die Assistentin der Zauberin setzt sich in eine Kiste. Jetzt schiebt die Zauberin Schwerter aus Besenstielen in den Karton. Die Assistentin wird scheinbar durchbohrt. Bei jedem Schwert, das sie trifft, schreit sie entsetzlich. Jetzt wird die Zauberdecke über die Kiste geworfen. Die Schwerter werden langsam herausgezogen. Nun schwenkt die Zauberin ihren Zauberstab über der Kiste hin und her und murmelt dabei in paar magische Worte. Trommelwirbel ertönt. Und dann: Die Assistentin springt mit einem glitzernden Umhang aus der magischen Kiste heraus!
Applaus für Assistentin und Zauberin sowie für alle Beteiligten!

Zauberspruch: „Schwarzer Drache, rotes Feuer, alles macht die Kiste ganz, zeige dich in deinem Glanz!"

Was brauchen Sie dazu?
- 1 Pappkiste, in der 1 Akteur bequem sitzen kann (z.B. Verpackungskarton von Fernsehgeräten)
- 6 Besenstiele oder selbst hergestellte Pappschwerter
- 1 Glitzerumhang für die Assistentin
- eine Assistentin

Wie viel Zeit brauchen Sie für die Vorbereitung?

insgesamt ca. 3 Unterrichtsstunden

Was ist zu tun:
- Besenstiele anmalen
  oder
- Schwerter aus Pappe herstellen
- Kiste verzieren
- Löcher für die Besenstiele in die Kiste schneiden; die Anordnung der Löcher entspricht der 5 auf einem Würfel. Ein Loch mittig in die Decke der Kiste schneiden für den letzten Besenstiel.

5 Löcher an den Seiten und 1 Loch oben

Das Trickgeheimnis: Die Assistentin setzt sich, wie die Abb. zeigt, im Schneidersitz in die Kiste. Die Löcher für die Schwerter sind vorbereitet. Die vermeintlichen Schwerter führen alle an ihrem Körper vorbei.

Schneidersitz

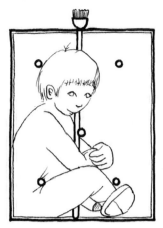 

Darauf sollten Sie achten: Die Assistentin hilft im Innern der Kiste der Zauberin, die richtigen Löcher zu finden. Dazu nimmt sie das Schwert an und schiebt es in das gegenüberliegende Loch, welches die Zauberin in ihrer Position nicht sehen kann. Beide sind also auf die Mithilfe des jeweils anderen angewiesen.

die Assistentin hilft im Verborgenen

Die Zauberin sollte etwas schauspielern. Wenn sie einen Besenstiel in die Kiste schiebt, sollte sie sich fürchterlich anstrengen oder aus Skrupel zögern. In Wirklichkeit übt sie aber keinen Druck auf das Schwert aus, sondern übergibt die Führung der Assistentin.
Diese hat also zwei wichtige Aufgaben:

1. Das Schwert annehmen und es langsam durch das jeweils gegenüberliegende Loch führen,
2. Bei jedem Schwert, von dem sie vermeintlich getroffen wird, schreien. Es hat sich bewährt, das von oben kommende Schwert stets zuletzt zu nehmen. Diese Verlässlichkeit ist wichtig für die Assistentin im Karton. So kann einer Verletzungsgefahr am Kopf vorgebeugt werden.

Aufgaben der Assistentin

Als zusätzlicher Effekt kann noch das Umhängen des Glitzerumhanges hinzugefügt werden. Diesen zieht sie am besten an, sobald sie im Karton sitzt.

Lernchancen:
- Führen und folgen
- Behutsamkeit und Achtsamkeit
- Dunkelheit aushalten
- Vertrauen
- im Schneidersitz sitzen können
- sich an Regeln halten können

87

Die „magische Kiste" fordert und fördert im höchsten Maße das Sozialverhalten. Dies beginnt mit den Einigungsprozessen bei der Verzierung der Kiste, bis hin zur Einhaltung der Regeln bei der Präsentation. Zudem bietet sie die Chance für eher zurückhaltende Kinder, im Schutz der Gruppe für kurze Zeit die Rolle des Zauberers zu übernehmen.

Sozialverhalten

Wenn Ihnen der Aufwand zunächst auch hoch erscheinen mag, er rechtfertigt sich in höchstem Maße durch die vielen Lernchancen und die Freude der Kinder an diesem Trick.

Variationen in der Präsentation:

- Es können auch zwei Assistenten „durchbohrt" werden. Dazu dreht man den Karton so um, dass die Öffnung oben ist. Die Löcher werden wie oben beschrieben vorbereitet. Die beiden müssen sich vorher gut abgesprochen haben, wer welches Schwert annimmt und durch welches Loch steckt. Laute Diskussionen aus dem Innern der Kiste würden die Illusion des Durchbohrens schnell zunichte machen.

zwei Assistentinnen

- Dabei darf jeder Zauberer einen Stab in den Karton stecken. Sinnvoll ist es, die Reihenfolge und Aufstellung der Akteure vorher genau festzulegen. Auch das Herausziehen sollte entsprechend abgesprochen werden.

6 Zauberinnen und Zauberer

Springender Schachtelgeist

Worum geht es?

Es liegen drei identische Streichholzschachteln nebeneinander auf dem Zaubertisch. Die Zauberin steht hinter dem Tisch. Nun nimmt sie die Schachteln nacheinander in eine Hand und schüttelt die jeweilige Schachtel. Nichts ist zu hören. Jetzt schwingt die Zauberin ihren Zauberstab über die Schachteln und sagt einen Zauberspruch.
Sie verfährt wie vorher und schüttelt jede Schachtel. Bei der letzten Schachtel rasselt es. Der Schachtelgeist ist in dieser Schachtel, er ist da!
Nun beginnt das Spiel. Die Zauberin erklärt den Zuschauern, dass der Schachtelgeist gerne von Schachtel zu Schachtel springt und schüttelt anschließend jede Schachtel. Große Verwunderung: jedes Mal rasselt es in einer anderen Schachtel. Nach ca. drei Durchgängen flüstert der Schachtelgeist der Zauberin ins Ohr, dass er vom Springen ganz müde geworden sei. Er wolle wieder gehen. Die Zauberin spricht einen anderen Zauberspruch. Daraufhin schüttelt sie noch einmal alle Schachteln und öffnet sie: nichts ist zu hören und zu sehen.
Applaus für die Zauberin!

*Zauberspruch:
„Schachtelgeist und Geisterschreck, komm heraus aus dem Versteck. Such dir eine Schachtel aus und hinein – es ist dein Haus."*

„Schachtelgeist und Geisterschreck, genug der Zauberei! Ich packe jetzt die Schachteln weg und du bist frei!"

Was brauchen Sie dazu?
- 4 leere Streichholzschachteln
- 1 Gummiband
- Büroklammern oder Reißzwecken oder kleine Steinchen oder Erbsen
- Oberteil mit langen Ärmeln

Wie viel Zeit brauchen Sie für die Vorbereitung?   ca. 5 Minuten

Was ist zu tun? Legen Sie zum Beispiel einige Büroklammern in eine der Streichholzschachteln. Befestigen Sie diese Schachtel mit dem Gummiband am rechten Unterarm. Da die Schachtel auf gar keinen Fall von den Zuschauern gesehen werden darf, verdecken Sie diese gut mit Ihrem Ärmel.

Wichtig!

Das Trickgeheimnis: Die Zauberin bestimmt, welche der Schachteln rasseln soll. Diese schüttelt sie nämlich mit der Hand, an deren Unterarm die gefüllte Streichholzschachtel befestigt ist.
Soll es nicht rasseln, so wird die Schachtel mit der anderen Hand aufgenommen und geschüttelt.

Darauf sollten Sie achten:
- Die beim Malen und Schreiben bevorzugte Hand sollte nicht zum Anbringen der Streichholzschachtel gewählt werden. Die Kinder sind es gewohnt, mit dieser Hand mehr Aktionen auszuführen.
- Soll kein Geräusch entstehen, sollten Hand und Arm mit der versteckten Schachtel ganz ruhig gehalten werden.

Lernchancen:
- Merkfähigkeit
- Konzentration
- Kontaktaufnahme zum Publikum
- sprachlicher Ausdruck
- kontrollierte Bewegungen

| Variationen in der Präsentation: | **Eine mögliche Erweiterung:** Nachdem der Schachtelgeist mehrmals von Schachtel zu Schachtel gesprungen ist, flüstert er der Zauberin ins Ohr, er wolle jetzt gerne mit den Zuschauern das Karussell-Spiel machen. Zauberin und Zuschauer erfüllen ihm diesen Wunsch. Das Spiel geht so: Der Schachtelgeist befindet sich in einer der drei Schachteln, das ist zu hören. Die Zauberin vertauscht nun die Schachteln und die Zuschauer sollen herausfinden, wo jetzt die Schachtel mit dem Schachtelgeist liegt. Zur besseren Verständigung beim Raten sollte die Zauberin die Positionen der Schachteln mit Zahlen benennen. So sehr die Zuschauer auch aufpassen, sie finden nie die richtige Schachtel. Ist der Schachtelgeist vielleicht doch heimlich gesprungen? Zum Abschluss: Wieder flüstert der Schachtelgeist der Zauberin ins Ohr. Diesmal ist ihm schwindelig geworden und er möchte gehen. Die Zauberin beendet ihre Präsentation wie beim ersten Vorschlag. | *die Zuschauer einbeziehen* *Tipp* |

| Ideen zu den Requisiten: | • Sie können diesen Trick auch mit unterschiedlich aussehenden Schachteln durchführen. Für das zaubernde Kind können zum Beispiel verschieden farbige Schachteln bei der Präsentation eine Hilfe sein. Und auch die kleineren Zuschauer können die Schachtel, in der sie den Geist vermuten, leichter benennen (Beispiel: „Er ist in der roten Schachtel.")
• Wenn man die Schachteln mit selbstklebender Glitzerfolie beklebt, sehen sie sehr magisch aus. | *3 verschieden farbige Schachteln* |

Streichholztrick

Worum geht es?

Die Zauberin hält ein ganz normales Streichholz hoch. „Ich zerbreche gleich dieses Streichholz. Merken Sie sich bitte das Geräusch, es ist wichtig!" Dann wartet sie, bis es ganz ruhig ist. Nun zerbricht sie das Hölzchen. „Wer hat etwas gehört?" Alle Zuschauer zeigen auf, denn der Knacks war für alle deutlich zu hören. Jetzt bittet die Zauberin einen Zuschauer, ihr ein Streichholz aus der Streichholzschachtel zu geben. Sie breitet anschließend ihr Zaubertuch auf dem Zaubertisch aus. Als weitere Vorbereitung fährt sie mit ihrem Zauberstab über das Tuch und spricht dabei magische Worte. Nun legt sie das Streichholz auf das Tuch und wickelt es darin ein. Ein Zuschauer wird gebeten, das Hölzchen durch das Tuch hindurch zu zerbrechen. Alle Zuschauer sind ganz still, damit sie das bereits bekannte Geräusch hören können. Knacks – der Beweis ist unüberhörbar, der Zuschauer hat das Hölzchen wirklich zerbrochen. Er selbst hat es zudem sehr genau gespürt.
Jetzt nimmt die Zauberin wieder ihren Zauberstab, führt ihn über das zusammengewickelte Tuch und spricht Zauberworte. Langsam wickelt sie das Tuch auseinander und – das Hölzchen liegt unversehrt auf dem Tuch. Damit es alle Zuschauer sehen können, hält sie es hoch.
Applaus für die Zauberin!

einen Zuschauer einbeziehen

Zaubersprüche:
„Zauberkraft flieg herbei, geh ins Tuch, 1-2-3!"

„Hokus pokus firlefanz, Streichholz werde ganz. ZICK-ZACK!"

Was brauchen Sie dazu?
- 1 Geschirrhandtuch mit einem breiten Saum
- 1 Schachtel Streichhölzer

Wie viel Zeit brauchen Sie für die Vorbereitung?   ca. 2 Minuten

| Was ist zu tun? | Legen bzw. schieben Sie in den Hohlsaum des Geschirrhandtuchs in jede Ecke ein Streichholz. Ist das Tuch hell, so achten Sie bitte darauf, dass die roten Streichholzköpfe nach innen zeigen. Sie könnten sonst verräterisch sein. Schieben Sie die Hölzchen nur so weit in den Saum, bis sie nicht mehr zu sehen sind. Das erleichtert Ihnen die eigentliche Trickhandlung (s.u.). Zudem sind die zerbrochenen Hölzchen so leichter aus dem Saum zu schieben. | *breiter Hohl-saum* |

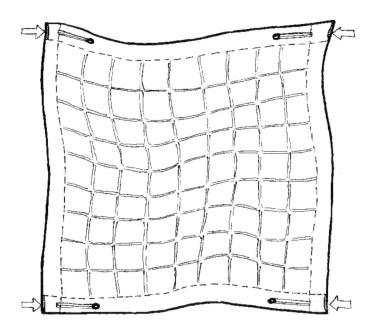

Das Trickgeheimnis:	Das Geheimnis liegt darin, dass der Zuschauer ohne sein Wissen eines der im Saum versteckten Streichhölzchen zerbricht. Somit bleibt das Streichholz in der Mitte des Tuches stets unversehrt.	
Darauf sollten Sie achten:	Damit der Trick gelingt, sollte das Tuch in besonderer Weise gewickelt werden. Es hat sich bewährt, wie folgt vorzugehen:	*Wickeln des Tuches*

- Das Tuch liegt ausgebreitet auf dem Tisch, das Streichhölzchen liegt in der Mitte des Tuches.
- Die rechte, der Zauberin zugewandte Ecke des Tuches wird mit der rechten Hand gefasst und zum Streichholz in der Mitte geführt. Das versteckte Hölzchen in dieser Ecke wird das zu zerbrechende sein. Jetzt führt man diese Tuchecke etwas über das Hölzchen hinaus und schlägt sogleich die anderen Tuchecken über die erste.

für Rechtshänder

Linkshänder beginnen entsprechend mit der linken ihnen zugewandten Ecke. *für Linkshänder*

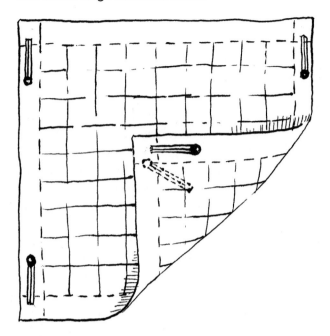

Dieses Vorgehen hat zwei Gründe:
1. Die Lage des zu zerbrechenden, versteckten Streichholzes darf nicht wesentlich woanders sein als das Streichholz, welches der Zuschauer zu zerbrechen meint.
2. Indem die Zauberin ihre Hand im Tuch lässt, kann sie dem Zuschauer das versteckte Streichholz zum Zerbrechen durch das Tuch reichen. Rechte Hand und Hölzchen sind auf diese Weise vor den Blicken der Zuschauer verborgen.

Anschließend sollte die Zauberin ihre Hand aus dem Tuch ziehen und beide Hände leer vorzeigen. Vermutungen der Zuschauer, dass die Hölzchen ausgetauscht wurden, werden durch diese kleine Geste zerschlagen.

Lernchancen:
- das Trickgeschehen erfassen, obwohl es auch für die Zauberin im Verborgenen liegt
- Geschicklichkeit
- Kontakt zum Zuschauer aufnehmen

Ideen zu den Requisiten:
Statt eines Geschirrhandtuches kann man auch ein Bettlaken mit geeignetem Saum und zum Beispiel Kamin-Streichhölzer nehmen. Dies eignet sich zur Vergrößerung des Trickeffektes bei zahlreicherem Publikum. *größeres Tuch*

Supergedächtnis

Worum geht es?

Die Zauberin tritt vor das Publikum und spricht von ihrem Supergedächtnis. Jahrelang habe sie es trainiert. Nun sei es endlich soweit, es unter Beweis zu stellen. Sie zeigt ein Buch mit vielen Seiten. Die Zuschauer werden gebeten, ihr eine Zahl zwischen 1 und x zu nennen. Da jede Seite y Zeilen hat, sollen ihr die Zuschauer nun eine Zahl zwischen 1 und y nennen. Zum Schluss sollten ihr die Zuschauer eine Zahl zwischen 1 und z nennen, denn jede Zeile hat z Buchstaben. Sie gibt das Buch einem der Zuschauer und bittet ihn, den gesuchten Buchstaben entsprechend der Vorgaben des Publikums zu ermitteln. Vorher jedoch verlässt die Zauberin den Raum. Sie wird erst dann wieder vom Publikum hereingerufen, wenn der Zuschauer den gesuchten Buchstaben ermittelt und diesen den Zuschauern genannt hat.
Die Zauberin wird hereingerufen. Sie geht zum Zaubertisch, auf dem sich das Buch befindet. Nun schließt sie ihre Augen, legt eine Hand auf das Buch und nennt schließlich dem Publikum den gesuchten Buchstaben.
Applaus für die Zauberin!
Applaus für den Zuschauer!

die Zuschauer einbeziehen

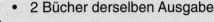

Was brauchen Sie dazu?   • 2 Bücher derselben Ausgabe

Wie viel Zeit brauchen Sie für die Vorbereitung?   keine

Was ist zu tun?   s.u.

95

Das Trickgeheimnis:	Die Zauberin hat im Nebenraum ein zweites Exemplar des Buches liegen. Sie muss sich lediglich die von den Zuschauern genannten Zahlen merken. Dies könnten sein: 160, 31, 5. Das bedeutet, Seite 160, Zeile 31, Buchstabe 5. Wenn Sie jetzt, wo Sie das Geheimnis kennen, meinen, die Zuschauer kämen sofort auf die Lösung, so möchte ich Ihnen aus meiner Erfahrung mit erwachsenen Teilnehmern einer Fortbildung berichten: Keiner konnte sich das Trickgeheimnis erklären, die Verblüffung war auch noch nach Tagen groß.
Darauf sollten Sie achten:	• Um die völlige Übereinstimmung des Textes zu gewährleisten, sollten Sie auf die gleiche Auflage der Bücher achten. • Geeignet sind auch Schulbücher, hier insbesondere wegen der zusammenhängenden Texte Lese-, Geschichts- und Erdkundebücher.
Lernchancen:	• Merkfähigkeit • Konzentration • Sprachlicher Ausdruck
Variationen in der Präsentation:	**Variation 1**

- Hierbei hat nämlich die Zauberin eine Assistentin, die das Publikum anleitet. Dies hat den Vorteil, dass sich die Zauberin ganz auf das Einprägen der Ziffern konzentrieren kann. Sämtliche einleitenden Worte übernimmt die Assistentin. Ebenso die Kontrolle des vom Zuschauer ermittelten Buchstabens. Und schließlich initiiert diese auch den Applaus für die Zauberin und für den Zuschauer, dem auf diese Weise für seine Mitarbeit gedankt wird. *(Entlastung für die Zauberin, mit Assistentin)*

- Die Zauberin schreibt alle genannten Ziffern auf die Tafel oder ein großes Blatt Papier. Das hilft ihr, sich die Ziffern einzuprägen, da sie diese nicht nur gehört, sondern auch selbst geschrieben und demzufolge auch gesehen hat (Mehrkanaliges Lernen als Merkhilfe). Zudem dient dies dem Zuschauer als visuelle Stütze beim Finden des gesuchten Buchstabens. *(Tafel oder großes Blatt Papier)*

Variation 2

Den Zuschauern können auch drei Bücher zur Wahl gestellt werden. Zuvor erklärt die Zauberin, dass sie alle drei Bücher Wort für Wort auswendig gelernt habe. Dass sich identische Exemplare aller drei Bücher außerhalb des Raumes befinden, versteht sich von selbst. *(3 Bücher)*

Wie alt bist du?

Worum geht es?

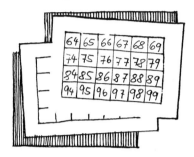

Die Zauberin bittet einen Zuschauer, aus sechs Zauberkarten diejenigen auszuwählen, auf denen sein Alter in Jahren angegeben ist. Die Zauberin geht mit den ausgewählten Karten zu ihrem Zaubertisch, macht mit ihren Händen ein paar magische Bewegungen, konzentriert sich und nennt das Alter des Zuschauers in Jahren.
Applaus für die Zauberin!

einen Zuschauer einbeziehen

Was brauchen Sie dazu? • 7 Zahlenkarten

siehe Seite 100: Kopiervorlagen

Wie viel Zeit brauchen Sie für die Vorbereitung? ca. 5 Minuten für das Kopieren und Ausschneiden der Zahlenkarten

Was ist zu tun? Die Zahlenkarten sind auszuschneiden. Sie sind stabiler, wenn man sie auf Pappe kopiert oder laminiert.

Das Trickgeheimnis: Die Zauberin legt die von dem Zuschauer aussortierten Karten nebeneinander oder untereinander auf ihren Zaubertisch, so dass sie alle Zahlen im Überblick hat. Wichtig ist für sie jeweils nur die in der linken oberen Ecke stehende Zahl jeder Karte. Diese Eckzahlen addiert sie und hat damit das Alter des Zuschauers errechnet.

Beispiel:
Der Zuschauer ist 28 Jahre alt. Es gibt nur 3 Karten, auf denen diese Zahl vorkommt. Eine hat in der linken oberen Ecke eine 16, die andere die Zahl 8 und die letzte die Zahl 4. Die Rechnung lautet: 16+8+4= 28

Darauf sollten Sie achten:	Diesen Trick sollten nur diejenigen vorführen, die sicher in der Addition im Zahlenraum bis 100 sind und die auch bei besonderer Belastung in Ruhe zum richtigen Ergebnis kommen.	*Addition im Zahlenraum bis 100*
Lernchancen:	• Addition im ZR bis 100 • sprachlicher Ausdruck • Kontakt zum Publikum herstellen	
Variationen in der Präsentation: 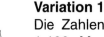	**Variation 1** Die Zahlenkarten entstammen dem Zahlenraum 1-100. Man kann die Aufgabe an die Zuschauer dahingehend verändern, dass zwei Zuschauer ihr Alter in Jahren addieren. So sind die Zuschauer aktiv am Rechenprozess beteiligt. Das Ergebnis darf jedoch nicht höher als 100 sein. Die Zauberin ermittelt das gemeinsame Alter in Jahren wie gewohnt. Um das Alter jedes einzelnen Zuschauers herauszufinden, zeigt sie jedem der beiden Zuschauer einzeln die Karten. Jeder von ihnen wählt die Karten aus, auf denen sein Alter in Jahren steht. Die Zauberin addiert jeweils alle Zahlen des einen Zuschauers im linken oberen Feld und das Alter des ersten Zuschauers ist schon bekannt. Ebenso verfährt sie mit dem zweiten Zuschauer. Um die Spannung zu erhöhen, bietet sich hier eine neue Variation an: **Variation 2** Die Zauberin sortiert die Zahlenkarten in einer ganz bestimmten Reihenfolge. Dieses kann beiläufig geschehen, so dass die Zuschauer davon nichts merken. Beim Sortieren richtet sie sich wieder nach der Ziffer im oberen linken Feld jeder Karte: 1 - 2 - 4 - 8 - 16 - 32. Diese Reihenfolge muss sich die Zauberin merken. Dann legt sie die Karten verdeckt auf einen Stapel. Sie zeigt die Karten der Reihe nach einem ausgewählten Zuschauer, indem sie von oben eine Karte nach der anderen zieht und hochhält. Dabei sieht sie sich die Karten nicht an. Der Zuschauer sagt ihr nun bei jeder Karte, ob sich die Zahl seines Alters darauf befindet oder nicht. Wenn ja, kombiniert die Zauberin, um welche Karte es sich entsprechend der Reihenfolge handelt und addiert im Kopf die Zahlen der linken oberen Ecken. Mit der Summe hat sie das Alter des Zuschauers in Jahren ermittelt.	*Das Alter von zwei Zuschauern gleichzeitig ermitteln* *Zahl ermitteln, ohne die Karten anzusehen*

Variation 3
Statt des Alters lassen sich Zehner- und Einerstelle des Geburtsjahres ermitteln.
Beispiel:
Das Ergebnis 87 bedeutet, dass die Zuschauerin 1987 geboren wurde.

Ermitteln des Geburtsjahres

Variation 4
Statt des Alters können auch lediglich die Ziffern von 1 bis 100 ermittelt werden. Dazu schreibt man auf kleine Zettel jeweils die Zahlen 1-100. Die Zettel werden zwei Mal gefaltet, damit die Zahl nicht zu sehen ist. Die Zauberin lässt eine Zuschauerin einen Zettel ziehen. Diese Zahl bleibt geheim. Die Zauberin ermittelt diese in beschriebener Weise.

Auswahl der zu erratenden Zahl durch Zufallsprinzip

1	3	5	7	9	11	13	15	17	19
21	23	25	27	29	31	33	35	37	39
41	43	45	47	49	51	53	55	57	59
61	63	65	67	69	71	73	75	77	79
81	83	85	87	89	91	93	95	97	99

4	5	6	7	12	13	14	15	20	21
22	23	28	29	30	31	36	37	38	39
44	45	46	47	52	53	54	55	60	61
62	63	68	69	70	71	76	77	78	79
84	85	86	87	92	93	94	95	100	

© 2002 *borgmann publishing*, Dortmund • aus: Busse, Zauberhaftes Lernen, Bestell-Nr. 8317

64	65	66	67	68	69	70	71	72	73
74	75	76	77	78	79	80	81	82	83
84	85	86	87	88	89	90	91	92	93
94	95	96	97	98	99	100			

32	33	34	35	36	37	38	39	40	41
42	43	44	45	46	47	48	49	50	51
52	53	54	55	56	57	58	59	60	61
62	63	96	97	98	99	100			

© 2002 *borgmann publishing*, Dortmund • aus: Busse, Zauberhaftes Lernen, Bestell-Nr. 8317

16	17	18	19	20	21	22	23	24	25
26	27	28	29	30	31	48	49	50	51
52	53	54	55	56	57	58	59	60	61
62	63	80	81	82	83	84	85	86	87
88	89	90	91	92	93	94	95		

8	9	10	11	12	13	14	15	24	25
26	27	28	29	30	31	40	41	42	43
44	45	46	47	56	57	58	59	60	61
62	63	72	73	74	75	76	77	78	79
88	89	90	91	92	93	94	95		

© 2002 *borgmann publishing*, Dortmund • aus: Busse, Zauberhaftes Lernen, Bestell-Nr. 8317

2	3	6	7	10	11	14	15	18	19
22	23	26	27	30	31	34	35	38	39
42	43	46	47	50	51	54	55	58	59
62	63	66	67	70	71	74	75	78	79
82	83	86	87	90	91	94	95	98	99

Zauberbanane

Worum geht es?

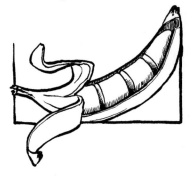

Die Zauberin legt eine Banane auf den Zaubertisch. Jetzt ruft sie ihre Assistentin herbei. Diese bringt ihr den Zauberstab, welcher auf einem Tablett liegt. Bedeutungsvoll nimmt die Zauberin den Zauberstab vom Tablett und erzählt: „Diesen Zauberstab habe ich vom großen Zaubermeister Abramso erhalten. Er war ein Meister im Banane-Zerteilen. Ob die Zauberkräfte noch wirken?" Trommelwirbel ist zu hören. Die Zauberin streicht mit dem Zauberstab einmal von links nach rechts und einmal von rechts nach links über die Banane. Dabei spricht sie den Zauberspruch. Anschließend bewegt sie den Zauberstab so über der Banane auf und ab, als wolle sie damit die Banane zerteilen. Bei jeder kurzen Berührung der Banane sagt sie laut und kräftig das Zauberwort „TSCHAK". Danach folgt ein „TSCHAK-TSCHAK-TSCHAK – Banane zerteile dich". Erschöpft legt die Zauberin die Banane auf das Tablett. Der Gehilfe öffnet sie und siehe da – sie ist in viele kleine Stücke zerteilt. Die Zauberin geht mit dem Tablett zum Publikum und bietet einigen Zuschauern Bananenstückchen an. Dann begibt sie sich wieder zu ihrem Zaubertisch, stellt dort das Tablett ab. Der Assistent sagt laut: „Die große Zauberin, Applaus!" Die Zauberin verbeugt sich.

mit Assistentin

musikalische Begleitung sinnvoll

Zauberspruch: „Mäusedreck Bananenbrei, Zauberkraft komm herbei!"

Was brauchen Sie dazu?
- 1 Banane (schon etwas reifer)
- 1 lange Näh- oder Stopfnadel
- eine Assistentin

Wieviel Zeit brauchen Sie für die Vorbereitung?

ca. 2 -5 Minuten

Was ist zu tun?		Stechen Sie mit der Nadel in die „Nahtstelle" der Banane oder in einen braunen Fleck. Achtung! Die Nadel darf nicht an der gegenüberliegenden Seite sichtbar werden. Sie dürfen deshalb mit der Nadel nur soweit in die Banane stechen, bis Sie die Nadelspitze an der gegenüberliegenden Seite unter der Schale spüren. Entsprechend der Zeichnung drehen Sie die Nadel unter der Schale entlang. Durch diese Bewegungen wird die Banane im Innern der Schale von der Nadel zerteilt. Sollte sich etwas Bananenmus an der Einstichstelle zeigen, so reiben sie dieses einfach weg. Für die Zuschauer sieht die Banane unbeschädigt aus, die kleinen Einstiche sind für sie nicht wahrnehmbar. Dies zum einen durch den Abstand von drei Metern zwischen Zuschauern und Zaubertisch. Zum anderen durch die vielen kleinen braunen Stellen, die eine für diesen Trick geeignete Banane haben sollte.

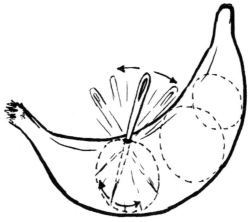

Das Trickgeheimnis:		Die Banane wird vor der Vorführung mit Hilfe der Nadel unter der Schale in Stücke zerteilt (siehe Abbildung)
Darauf sollten Sie achten:		**Zum Bananenkauf** Geeignet sind Bananen mit einigen braunen Stellen. Diese Stellen sind hervorragend als Einstichstellen geeignet, da sie ohnehin schon braun sind. Jede Einstichstelle an anderer Stelle wird nach kurzer Zeit (ca. fünf Minuten) als brauner Fleck sichtbar. In seiner Form unterscheidet er sich von den natürlichen braunen Flecken auf der Banane. Für aufmerksame Zuschauer könnte dieses ein verräterischer Hinweis auf das Trickgeheimnis sein.

Bananen mit braunen Stellen sind vorteilhaft

Zum Präparieren

Die Banane sollte erst kurz vor der Trickdurchführung präpariert werden. Die Stellen, an denen die Nadel die Bananenschale von innen berührt hat, färben sich schnell braun und wären als verräterische braune Ringe für die Zuschauer sichtbar.

braune Ringe

Lernchancen:

- Geschicklichkeit

Das Präparieren der Banane erfordert einige Geschicklichkeit und Fingerspitzengefühl im wahrsten Sinne des Wortes. Für Anfänger ist es zunächst schwierig, die Nadel an der inneren Schalenwand so entlangzuführen, dass die Einstichstelle dabei nicht immer größer und breiter wird. Indem man die Nadel beim Zerteilen etwas aus der Banane herauszieht, kann man dieser Schwierigkeit begegnen.

Tipp

Variationen in der Präsentation:

- Statt nur eine Banane kann man gleich mehrere zerteilen
- Alle Zauberkinder zerteilen Bananen für das Publikum als Abschlusstrick und Abschiedsgeschenk. In dem Fall sollte die Anleiterin den Schlussapplaus initiieren.

Abschlusstrick

Ideen für die Requisiten:

Man kann die Banane auch mit Nadel und Faden zerteilen. Dies hat den Vorteil, dass man die nach einiger Zeit (ca. fünf bis zehn Minuten) auftauchenden braunen Ringe nicht hat. Um die braunen Flecken an den Einstichstellen kommt man aber auch bei dieser Methode nicht herum.

keine braunen Ringe

Zauber-Bild-Karten I

Worum geht es?

Die Zauberin zeigt dem Publikum eine große Karte, auf der sich 14 verschiedene Bilder befinden. Eine Person aus dem Publikum darf sich ein Bild davon aussuchen und merken. Die Zauberin wird dieses Bild per Gedankenkraft ermitteln.

einen Zuschauer einbeziehen

Die Zauberin bittet den Zuschauer auf die Bühne und weist ihn höflich an, auf dem bereitgestellten Stuhl Platz zu nehmen. Der Zuschauer erhält die große Bildkarte und zeigt darauf dem Publikum sein ausgewähltes Motiv. Die Zauberin dreht sich dabei um. Der Zuschauer legt die große Bildkarte auf seinen Schoß. Anschließend zeigt die Zauberin dem Zuschauer die vier kleinen Bildkarten, von denen er die in Frage kommenden auswählt. Die restlichen Karten kann die Zauberin auf ihrem Zaubertisch ablegen. Nun fächert sie die ausgewählten Karten über dem Kopf des Zuschauers auf und murmelt geheimnisvoll. Dann bittet sie den Zuschauer, ihr die große Bildkarte zu reichen. Sie blickt intensiv auf diese Karte. Nun schließt sie ihre Augen, legt die Hände an ihre Schläfen und wartet auf die „magische Eingebung". Mit einem Mal öffnet sie ihre Augen und sagt: „Sie haben sich das Bild mit ... ausgewählt".
Applaus für die Zauberin!
Applaus für den Zuschauer!

Was brauchen Sie dazu?	• 1 große Bildkarte • 4 kleine Bildkarten
Wie viel Zeit brauchen Sie für die Vorbereitung?	ca. 6 Minuten

siehe Seite 109: Kopiervorlagen

Was ist zu tun?   Die Bildkarten kopieren und ausschneiden, bei Bedarf kolorieren.

Das Trickgeheimnis:	Schauen Sie sich bitte die große Bildkarte an. Jedem Bild ist eine Zahl zugeordnet. Auch auf den kleinen Bildkarten ist jedem Bild eine Zahl zugeordnet. Der Zuschauer wählt aus den vier kleinen Bildkarten diejenigen aus, auf denen sein gewähltes Bild zu sehen ist.	*1 große Bildkarte* *4 kleine Bildkarten*

Und nun kommt der Trick
Die Zauberin addiert jeweils die erste Zahl der zurückgegebenen Bildkarten, d.h. die Zahl in der linken oberen Ecke jeder Bildkarte. Dann sucht sie die ermittelte Zahl auf der großen Bildkarte und kann sogleich das gesuchte Bild benennen: es ist das Bild, welches zu der ermittelten Zahl gehört.

Beispiel
Gewählt wurde die Maus. Auf drei von den kleinen Bildern ist die Maus abgebildet. Jeweils die ersten Ziffern auf diesen Karten werden addiert. In unserem Fall sind es 2+1+8=11
Schnell auf der großen Karte nachgeschaut:
Die 11 ist der Maus zugeordnet.

Darauf sollten Sie achten:	Bei der Vorführung darf auf keinen Fall die Aufmerksamkeit des Publikums auf die Zahlen gelenkt werden. Denn diese sind ja das geheime Hilfsmittel der Zauberin. Man erreicht dies dadurch, indem man die Zahlen gar nicht erwähnt. Wenn zudem die Bilder ansprechend koloriert sind, ist die Aufmerksamkeit der Zuschauer ohnehin auf die Bilder gerichtet, dies natürlich auch unterstützt durch die Worte der Zauberin.	*ablenken von den Zahlen*
Lernchancen:	• Addition im Zahlenraum bis 20 • sprachlicher Ausdruck • Sicherheit im angemessenen Umgang mit einem Zuschauer	*Sozialverhalten*
Ideen zu den Requisiten:	Sollten die Kinder die Lernvoraussetzungen im Bereich der Addition noch nicht erfüllen, so eignet sich der Zaubertrick „Zauber-Bild-Karten II". Dazu wurden von mir Bildkarten entwickelt, deren Motive die gleichen sind wie im vorliegenden Trick, jedoch das Trickgeheimnis auf einer vorgegebenen Legetechnik beruht. Demzufolge ist es auch möglich, diesen Trick zur Differenzierung einzusetzen.	*ohne Addition* *Seite 111*

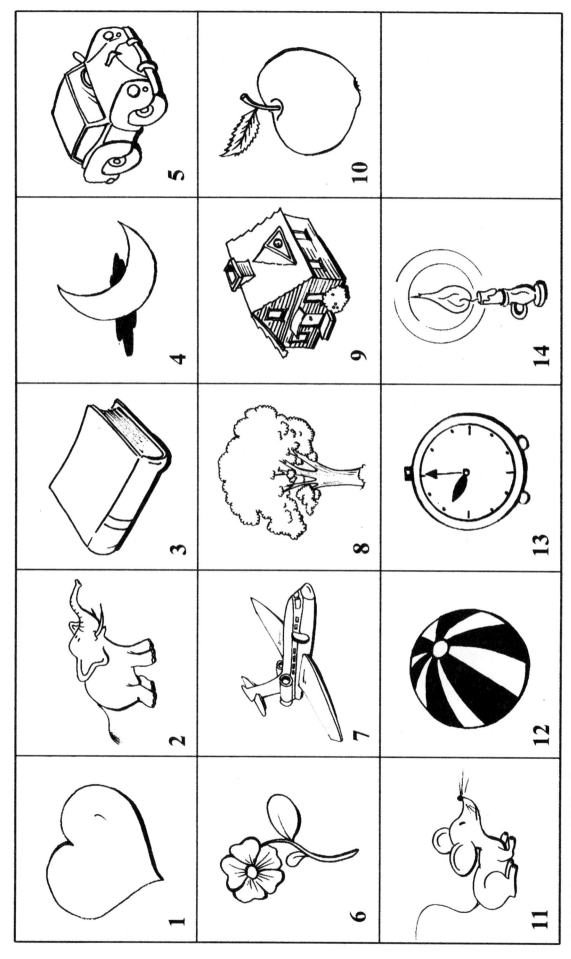

Zauber-Bild-Karten II

Worum geht es? 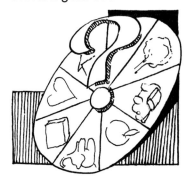	Die Zauberin zeigt dem Publikum eine Bildkarte mit acht verschiedenen Motiven. Ein Zuschauer sucht sich ein Motiv aus und zeigt dieses nur dem Publikum. Aufgabe der Zauberin ist es nun, dieses Motiv zu ermitteln. Dazu bittet sie den Zuschauer, aus acht Bildkarten diejenigen auszuwählen, auf denen sein gewähltes Motiv nicht zu sehen ist. Die Zauberin legt die ausgewählten Karten auf ihren Zaubertisch und spricht den Zauberspruch. Dann sagt sie: „Es ist …!"	*einen Zuschauer einbeziehen* *Zauberspruch: „Kümmelbrot und Wirsingkohl, welches Bild ist es wohl?"*
Was brauchen Sie dazu?	• 9 Bildkarten	*siehe Seite 114: Kopiervorlagen*
Wie viel Zeit brauchen Sie für die Vorbereitung?	ca. 8 Minuten	
Was ist zu tun?	Die Bildkarten kopieren und ausschneiden, ggf. kolorieren der Zentralkarte. Das ist die Karte, auf der alle acht Motive abgebildet sind.	*eine Zentralkarte*
Das Trickgeheimnis:	Schauen Sie sich bitte die Bildkarten an. Es gibt nur eine Karte, auf der alle acht Motive abgebildet sind. Dieses ist die Karte, welche die Zauberin dem Zuschauer zeigt, damit er ein Motiv auswählen kann. Die anderen Karten sind unvollständig, es fehlen jeweils zwei Bilder darauf. Aus diesen Karten sucht der Zuschauer diejenigen heraus, auf denen sein ausgewähltes Motiv nicht zu sehen ist. Das sind stets zwei Karten. Wenn die Zauberin nun diese beiden Karten deckungsgleich auf ihre Zentralkarte legt, bleibt ein Feld frei. Das Motiv auf diesem Feld ist das gesuchte.	*acht unvollständige Karten*

Beispiel:
Gewählt wurde der Ball. Auf zwei Karten ist der Ball nicht abgebildet. Diese Karten werden deckungsgleich auf die vollständige Zentralkarte gelegt. Eine Orientierungshilfe dabei bilden die Einkerbungen auf den Karten. Diese Kerben sollten übereinander liegen. In unserem Beispiel werden bis auf den Ball alle Bilder der Zentralkarte verdeckt.

Einkerbungen

Darauf sollten Sie achten:

- Wichtig ist, dass die ausgewählten Karten mit der Bildseite nach oben auf die Zentralkarte gelegt werden.
- Auf jeder Karte befinden sich zwei Einkerbungen. Wichtig ist, dass die Kerben jeweils übereinander liegen, so dass die Bildkarten deckungsgleich aufeinander liegen.
- Bei der Vorführung sollte die Zauberin die entscheidenden drei Karten, nämlich die Zentralkarte und zwei der Zauberkarten, auf ihren Zaubertisch oder besser in eine Zauberschachtel legen. So kann sie diese in Ruhe übereinander legen und das unbedeckte Feld ermitteln. Sie sollte aber darauf achten, dass das richtige Übereinanderlegen der Karten und das Ermitteln des gesuchten Motivs möglichst beiläufig geschieht und die Zuschauer davon durch andere Gesten und Aktionen abgelenkt werden. Bevor sie das gesuchte Motiv nennt, könnte sie zum Beispiel mit ihrem Zauberstab magische Bewegungen über den Karten machen, vielleicht die Augen bedeutungsvoll für einen Moment schließen, so als empfinge sie gerade den Namen des gesuchten Motivs. Anschließend nennt sie das gesuchte Motiv.

die Zuschauer ablenken

Lernchancen:		• die Bilder benennen können • das unbedeckte Feld aus der Vielzahl an Feldern erkennen können • Feinmotorik

Ideen zu den Requisiten: Für Kinder, die bereits im Zahlenraum bis 20 addieren können, eignet sich zur Differenzierung der Zaubertrick „Zauber-Bild-Karten I".

siehe Seite 107: erhöhte Anforderungen

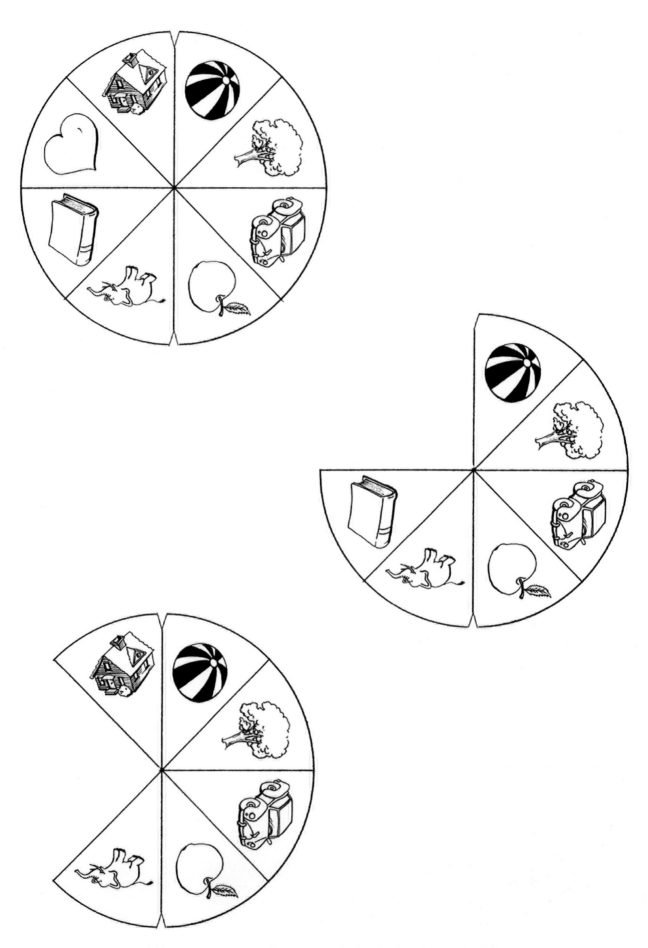

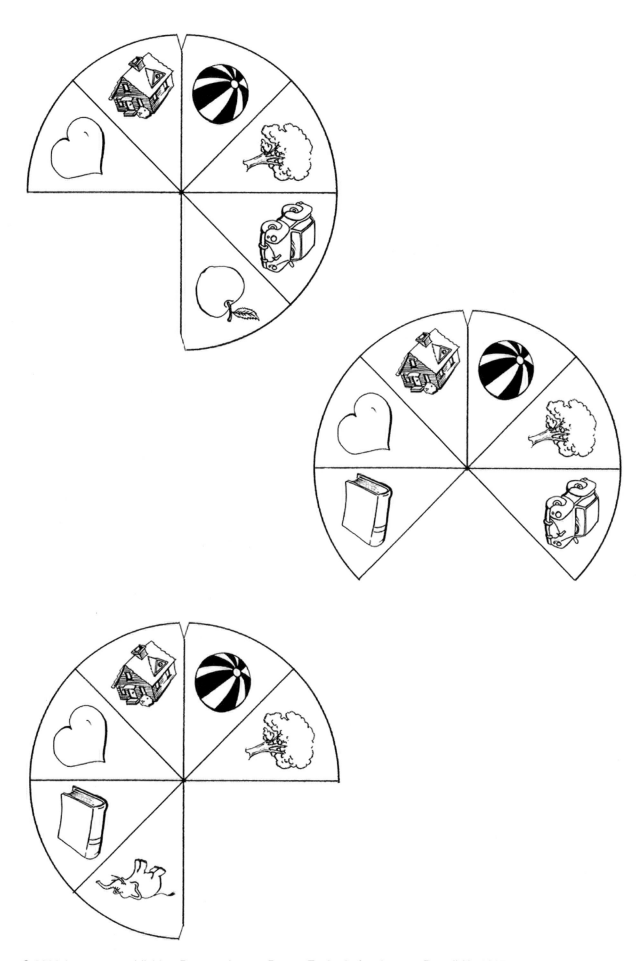

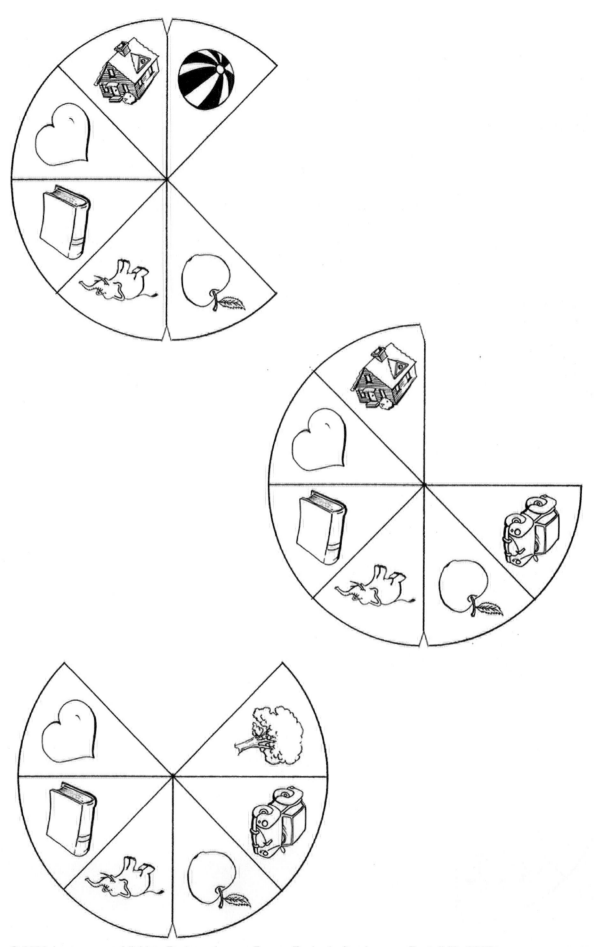

Zauberpalme

Worum geht es?

Alle Zauberinnen und Zauberer stehen auf der Bühne. Jeder von ihnen hält eine Rolle Zeitungspapier in der Hand. Jetzt macht jeder 4 Schnitte in seine Zeitungsrolle. Musik erklingt. Die Akteure greifen in ihre Rolle und lassen jeder eine Palme wachsen. Dabei gibt es Konfettiregen. Applaus für die Akteure!

musikalische Begleitung sinnvoll

Was brauchen Sie dazu?

Für 2 Zauberpalmen brauchen Sie
- 2 Doppelseiten einer Zeitung
- Schere
- Klebestift
- Konfetti

Wie viel Zeit brauchen Sie für die Vorbereitung?

ca. 10 Minuten

Was ist zu tun?	Um 2 Zeitungsrollen zu erhalten, gehen Sie am besten wie folgt vor:	*zwei Zauberpalmen*

- Reißen Sie die Doppelseiten auseinander, so dass Sie 4 einzelne Seiten erhalten.
- Kleben Sie diese an den Schmalseiten zusammen.   *kleben*
- Falten Sie diese lange Zeitungsreihe nun der Länge nach zur Hälfte zusammen.
- Schneiden Sie entlang der Faltlinie, so dass Sie zwei lange Zeitungsbahnen erhalten.
- Streuen Sie Konfetti gleichmäßig auf beide Zeitungsbahnen.   *Konfetti*
- Rollen Sie jede Zeitungsbahn der Länge nach zusammen.
- Halten Sie die Rollen waagerecht, damit noch kein Konfetti herausfällt. Schneiden Sie jede Rolle 4 mal bis ca. zur Mitte ein.   *Zeitungsrolle einschneiden*

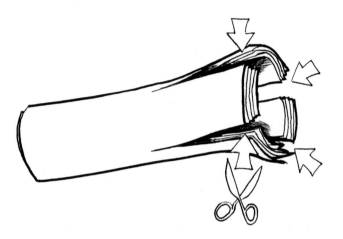

Jetzt können Sie die Palme von innen her langsam herausziehen.

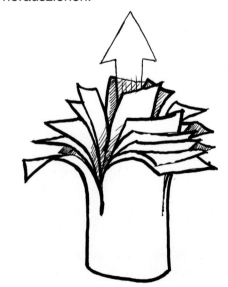

Das Trickgeheimnis: s.o.

Darauf sollten Sie achten:	**Bei der Herstellung**	
	• Zur besseren Handhabung sollte die Zeitungsrolle ca. 16 cm breit sein. Deshalb lasse ich die Zeitungsbahnen noch einmal der Länge nach durchschneiden (siehe oben). Je nach Zeitungsformat erhält man dann eine Breite von ca. 16 cm. Die Zauberer haben auf diese Weise gleich zwei Exemplare: eines zum Üben, eines zum Probe-Vorführen in der Zaubergruppe.	*Breite der Zeitungsrolle*
	• Je nach Kraft und Geschick der Zauberer kann die Länge der Bahnen variiert werden. Grundsätzlich gilt: Je länger die Bahn, desto dicker wird die Zauberrolle und desto schwieriger wird das Einschneiden. Die Länge der Zeitungsbahn sollte daher 2 m nicht überschreiten.	*Länge der Zeitungsbahn*
	• Der Einsatz von Konfetti erhöht den Effekt. Ob der Einsatz allerdings sinnvoll ist, entscheidet sich meistens nach praktischen Gesichtspunkten, wie dem Belag des Fußbodens.	
Lernchancen:	• feinmotorische Fähigkeiten • Kraft, nämlich mit der Schere die Zeitungslagen durchschneiden können	
Variationen in der Präsentation:	• Wie eingangs beschrieben, eignet sich dieser Trick als Abschlusstrick einer Zaubervorführung. Es bietet sich an, die Zauberpalmen quasi als Abschiedsgeschenk an die Zuschauer zu verschenken.	*Abschlusstrick*
	• Dieser Zaubertrick eignet sich auch gut zum Einsatz von Musik, da eine sprachliche Begleitung nicht unbedingt erforderlich ist.	*musikalische Begleitung*
Ideen zu den Requisiten:	• Ist das Schneiden zu schwierig, so kann man bereits vor der Vorstellung die Zeitungsrolle einschneiden. Damit diese Einschnitte den Zuschauern verborgen bleiben, umwickelt man die Rolle mit einem weiteren Stück Zeitung welches man festklebt. Auf der Bühne muss dann nur noch die vermeintlich unversehrte Rolle eingeschnitten oder eingerissen werden entsprechend der Vorgabe.	*Vereinfachung beim Einschneiden*
	• Möchte man auf den Einsatz von Konfetti verzichten, so bietet sich zur Steigerung des Effektes folgendes an: Nehmen Sie statt des Zeitungspapiers einfach farbiges Seidenpapier!	*farbiges Seidenpapier*

Zaubertüte

Worum geht es?

Die Zauberin hält in der einen Hand eine Zaubertüte. Mit der anderen Hand zeigt sie den Zuschauern ein Bild vom Rathaus der Stadt Hannover. Nun sagt sie: „Ich werde gleich das Rathaus von Hannover verschwinden lassen." Sie gibt das Bild in die Tüte hinein. Jetzt dreht und wendet sie die Tüte und sagt dazu einen Zauberspruch. Während sie die magischen Worte ZICK-ZACK spricht, klopft sie mit ihrem Zauberstab zweimal auf die Tüte. Anschließend öffnet sie diese und zeigt die leere Tüte den Zuschauern. Auf die Frage: „Kannst du das Rathaus auch wieder herzaubern?", antwortet die Zauberin: „Ja, dann muss ich nur einen anderen Zauberspruch nehmen." Dann dreht und wendet sie die Tüte wieder während sie die magischen Worte spricht. Anschließend nimmt sie den Zauberstab auf, klopft wieder auf die Tüte und spricht ZICK-ZACK. Sie öffnet die Tüte, das Bild ist wieder da. Damit es alle Zuschauer sehen können, hält sie es hoch. Applaus für die Zauberin!

Zaubersprüche:
„Ich zaubere jetzt das Rathaus von Hannover weg. Hokus pokus 1-2-3, fertig ist die Zauberei. ZICK-ZACK!"

„Hokus pokus Zauberglück, Rathaus komm zurück. ZICK-ZACK!"

alternativ musikalische Begleitung möglich

Was brauchen Sie dazu? 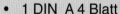	• 1 DIN A 4 Blatt • Bunt- oder Filzstifte
Wie viel Zeit brauchen Sie für die Vorbereitung?	ca. 2-5 Minuten

| Was ist zu tun? | Zunächst falten Sie entsprechend der Faltanleitung die Zaubertüte. Um sie ansprechender zu gestalten, können Sie diese farbig anmalen. Wichtig ist dabei, dass beide Seiten der Tüte anschließend gleich aussehen. | *Faltanleitung* |

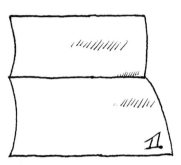

1. Legen Sie das Blatt Papier mit der Schmalseite vor sich hin. Falten Sie Schmalseite auf Schmalseite und öffnen Sie die entstandene Faltform wieder. Die so entstandene Faltlinie ist eine wichtige Orientierungslinie für die weiteren Faltvorgänge.

2. Nehmen Sie die untere rechte Ecke des Blattes und falten Sie diese schräg nach oben.

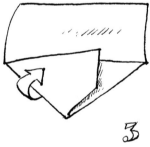

3. Nehmen Sie nun die untere linke Ecke und falten Sie auch diese schräg nach oben.

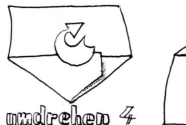 

4. Nun ist ein Haus entstanden, das auf dem Kopf steht. Deshalb das Ganze umdrehen, so dass das Haus richtig steht. (Dies ist eine hilfreiche Erklärung für die Kinder.)

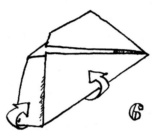

Tipp

5. Die beiden Faltvorgänge unter Nr. 2 und 3 genauso wiederholen. Für die Kinder ist es hilfreich, immer rechts unten mit dem Faltvorgang zu beginnen (Abb. 6). Damit ist sichergestellt, dass die so entstehenden „Flügel" gegenläufig sind, wie in Abb. 7 zu sehen ist. Zudem können sich die Kinder so die einzelnen Faltschritte leichter einprägen.

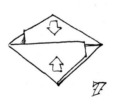 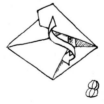 

6. An der Knicklinie werden die beiden entstandenen Dreiecke übereinander gefaltet (Abb. 7). Nun zieht man einen „Flügel" heraus und steckt ihn in die zweite Tütenöffnung (Abb. 8 und Abb. 9).

Das Trickgeheimnis: Die Zaubertüte hat zwei Öffnungen. In die eine gibt man das Bild hinein, dreht die Tüte ein paar Mal und zeigt die andere, nämlich die leere Tütenöffnung.

Darauf sollten Sie achten: Die Tücke sitzt im Detail. Folgendes ist deshalb zu beachten:

- Viele Kinder benötigen beim letzten Faltschritt – ineinander stecken der beiden „Flügel" – Hilfe. Lassen Sie die Tüte so in die Hand nehmen, als wolle man etwas hineinstecken. Dabei ist eine Tütenöffnung sichtbar. Der zweite „Flügel" liegt direkt hinter einer Tütenseite und muss nur noch herausgezogen und in die andere Tütenöffnung hineingesteckt werden. Erfahrungsgemäß finden sich in jeder Lerngruppe Kinder, die diesen letzten Schritt problemlos bewältigen, so dass sie den anderen helfen können. *Schwierigkeit*
- Die Zauberin hat auf die Tüte winzig kleine Geheimzeichen gemalt. Es genügt zum Beispiel ein Punkt außen an einer der beiden Öffnungen. Wird das Bild in die Öffnung mit dem Punkt gesteckt, so weiß die Zauberin, dass sie anschließend den Zuschauern die Öffnung ohne Punkt zeigen muss. Beim Drehen und Wenden der Tüte kann die Zauberin ruhig auf die Tüte schauen, um den Punkt zu sehen. Nach dem schon bekannten Motto „Man sieht nur was man weiß" wird kaum ein Zuschauer auf die Idee kommen, dass dort Geheimzeichen zu finden sind. *Wie findet die Zauberin unauffällig die jeweils richtige Tütenöffnung?*
- Damit die Zuschauer nicht auf das Geheimnis der zweiten Öffnung kommen, sollte die Tüte so gehalten werden, dass die zweite Öffnung der Zauberin zugewandt ist. Es hat sich bewährt, dass die Kinder in die Spitze der Tütenöffnung ein lachendes Gesicht malen. Dieses Gesicht sollten sie stets sehen können, wenn sie die Tüte öffnen. Dann halten sie die Tüte richtig herum. *Wie hält man die Tüte beim Zaubern?*

Lernchancen:
- feinmotorische Fähigkeiten beim Falten und bei der Handhabung der Tüte
- sachlogisches Denken, beim Erfassen der Handhabung der Tüte, beim richtigen Halten der Tüte, beim Anmalen, beim Platzieren des Geheimzeichens und Nutzen dieser Hilfe.

Variationen in der Präsentation:

- Man kann mehrere Zauberlehrlinge an diesem Trick beteiligen. Dies erfordert allerdings von allen ein hohes Maß an Konzentration und logischem Denken. Der Ablauf ist wie folgt:
Es zaubern drei Zauberinnen. Ein schmutziges weißes kleines Tuch wird in die Tütenöffnung von Zauberin eins getan. Diese Zauberin spricht einen Zauberspruch und das Tuch ist wieder sauber. Jetzt gibt sie das saubere Tuch in die Tütenöffnung von Zauberin zwei. Diese gibt noch pantomimisch etwas Farbe hinzu und das Tuch ist rot. Nun legt sie das rote Tuch in die Tüte der Zauberin drei. Diese nimmt einen dicken schwarzen Farbstift, führt ein paar magische Bewegungen aus und es erscheint das rote Tuch mit schwarzer Aufschrift „ENDE".

3 Zauberinnen

Abschluss-Trick

- Interessant ist es auch, das Tuch zum Schluss in der Tüte verschwinden und in der Hosentasche eines eingeweihten Zuschauers wieder auftauchen zu lassen. Dazu benötigt man allerdings zwei identische Tücher.

eingeweihter Zuschauer

Ideen zu den Requisiten:

- Wenn man statt des Rathauses von den Zauberlehrlingen farbig gestaltete Pappherzen aus der Tüte zaubern lässt und diese anschließend an Zuschauer verschenkt werden, so haben die Zuschauer eine bleibende Erinnerung an die Zauber-Aufführung.

siehe Seite 51: Zauber-Vorstellung im Seniorenzentrum

- Man kann den Trickeffekt vergrößern, indem man große Tüten aus Tonpapier faltet.

Zaubertüte

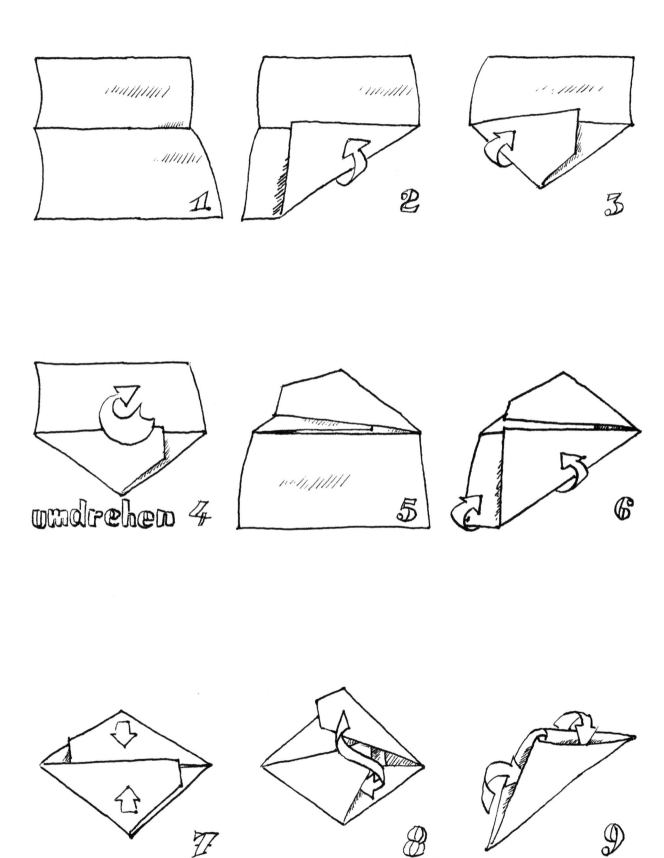

Zauberwasser

Worum geht es?

Auf der Bühne stehen die Zauberin und eine Sprecherin. Diese liest einen Reim vor und die Zauberin handelt entsprechend dem Vorgelesenen:

Die Zauberin gießt Wasser aus einer Kanne in einen Pappbecher, so dass dieser ca. 2-3 Fingerbreit mit Wasser gefüllt ist. Nun stellt sie den Becher in einen Hut. Jetzt zeigt sie den Zuschauern eine Papiertüte, sie ist leer. Diese stellt sie auf den Tisch und gibt den Wasserbecher in die Tüte hinein. Plötzlich knüllt sie die Tüte mit dem Becher ganz fest zusammen und wirft dieses Knäuel über ihre Schulter hinter sich auf den Boden. Jetzt macht die Zauberin eine magische Bewegung über dem Hut und holt den Becher unversehrt und mit Wasser gefüllt aus dem Hut.
Applaus für die Zauberin!
Applaus für die Sprecherin!

siehe Seite 129: Reim (Kopiervorlage)

alternativ musikalische Begleitung möglich

Was brauchen Sie dazu?
- 2 gewachste Pappbecher
- 1 Hut oder 1 undurchsichtige Schüssel (zum Beispiel. Rührschüssel)
- 1 Krug mit Wasser
- 1 Papiertüte
- 1 spitze Schere
- eine Sprecherin

Wie viel Zeit brauchen Sie für die Vorbereitung?   ca. 10 Minuten

Was ist zu tun?	**Präparieren der Pappbecher**	
	Schneiden Sie den oberen wulstigen Rand von beiden Pappbechern ab. Beide Becher müssen gleich aussehen! Schneiden Sie dann den Boden von einem der Becher heraus. Diesen Becher stellen Sie in den anderen Becher hinein. Der Rand vom inneren Becher wird hinausschauen, schneiden Sie diesen deshalb so weit ab, bis der innere Becher nicht mehr zu sehen ist.	*Präparieren der Requisiten*

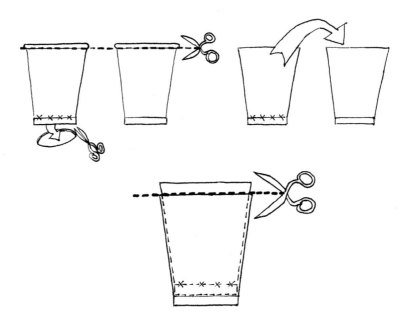

Das Trickgeheimnis:		Vor der Vorführung stellt man den präparierten Becher in den unversehrten Becher hinein. Die Zuschauer sehen also nur einen Becher. In diesen wird Wasser eingegossen. Die Zauberin nimmt nur den inneren Becher, also den ohne Boden heraus. Dieser wird in die Tüte getan und diese wird mit dem Becher zerknüllt. Der unversehrte Becher steht in dem Hut.

Darauf sollten Sie achten:	**Zur Tüte**	
	Es hat sich bewährt, eine braune Papiertüte zu benutzen, da sie absolut blickdicht ist. Man erhält solche Tüten in Drogeriemärkten, sie werden als Komposttüten angeboten. In manchen Bioläden wird das Brot in braunen Tüten verpackt. Diese eignen sich ebenfalls für diesen Trick. Es ist auch denkbar, sich eine Spitztüte aus einem Zeitungsblatt herzustellen. Diese Art Tüte hat sich jedoch nicht bewährt, da ihre Handhabung innerhalb des Trickhandlung für Kinder recht kompliziert ist.	*blickdichte Tüte*

Zur Präsentation

Das Herausnehmen des präparierten Bechers sollte gut geübt werden. Dabei ist es sinnvoll, zunächst mit einem gefüllten normalen Becher zu beginnen. Das Gewicht des Bechers bestimmt die Bewegungen. Hat man sich dieses bewusst gemacht, kann das Gleiche mit dem leeren präparierten Becher durchgeführt werden. „Habe ich den präparierten Becher oder den normalen?" Diese Rateaufgabe fordert das genaue Beobachten der Gruppenteilnehmer. Zudem gibt es der Zauberin Rückmeldung, an welcher Stelle ihre Bewegungen noch verräterisch sind.

Tipp zum Ablenken

Lernchancen:
- Konzentration
- Geschicklichkeit
- gegenseitige Achtsamkeit unter den Partnern

Variationen in der Präsentation:

Dieser Trick eignet sich auch zu einer Vorführung mit Musik. Da in dem Fall nicht gesprochen wird und somit alle Aufmerksamkeit des Publikums durch das Handeln erreicht werden muss, ist es wichtig, die einzelnen Handlungsschritte langsam auszuführen.

An prägnanten Stellen ist es sinnvoll, etwas länger zu warten, um die Zuschaueraufmerksamkeit auf das Geschehen zu lenken. Dies bietet sich zum Beispiel an, wenn der leere Hut und später dann die leere Tüte gezeigt werden. Auch sollte man etwas warten, bevor die Tüte zerknüllt wird. Das erhöht die Spannung. Den gleichen Effekt hat es, wenn man nach dem Zerknüllen etwas wartet, bevor man den Becher aus dem Hut nimmt. Den Zauberlehrlingen fällt das Warten an dieser Stelle oft schwer, da das Zerknüllen und Wegwerfen für sie häufig der Höhepunkt der Vorführung ist. Ebenso ungeduldig sind sie, den gefüllten Becher wieder zu zeigen.

siehe Seite 43: Tipps zur musikalischen Begleitung

Ideen zu den Requisiten:
- Steht kein Hut zur Verfügung, eignet sich auch eine undurchsichtige Schüssel. Es wirkt geheimnisvoller, wenn die Schüssel „zauberhaft" beklebt ist. Nimmt man Kleister als Klebemittel, so lässt sich später alles wieder problemlos entfernen.

Zauberglück

Was man als Zauberer so erleben kann,
das kommt jetzt dran:

Eines Abends um halb zehn,
da hatt' ich einen Durst,
ihr werdet es gleich seh'n.

Die Zähne hatte ich schon längst geputzt,
doch gegen meinen Durst da hat das nichts genutzt!

So schlich ich leise in die Küche rein
und goss mir eine Limo ein.

Da hörte ich Schritte vor der Tür,
meine Mutter war es, das hatt' ich im Gespür.

Nun brauchte ich viel Mut,
ich stellte den Becher in den Hut.

Oh nein, den Becher sieht sie dort,
er muss weg, sofort!

Die Zaubertüte ist ein sicherer Ort,
Zauber-Zauber wirke dort!

Schau her, Mama, es ist kein Becher da!
Auch in der Tüte nicht, das ist doch klar!

Als Mutter dann gegangen war,
hatte ich großen Durst, das ist doch klar!

Der Becher musste schnell zurück,
hokus pokus Zauberglück!
Prost!

(Heike Busse)

Tricks für zwischendurch

Der häufig auf Fortbildungen genannte Wunsch nach Zaubertricks, die zwischendurch eingesetzt werden können, soll hier aufgegriffen werden. Dem entsprechend finden Sie in diesem Kapitel solche Zaubertricks, die jederzeit ohne großen Aufwand mit einer Gruppe hergestellt und durchgeführt, d.h. auch geübt werden können.

Der Bleistift fällt nicht um

Worum geht es?

Die Zauberin hält einen Streifen Papier über eine glatte Tischkante und stellt einen Bleistift auf das Papier. Sie wettet mit den Zuschauern, dass es nur ihr gelingen wird, das Papier zu entfernen ohne den Bleistift zu berühren oder umzuwerfen. Applaus für die Zauberin!

Was brauchen Sie dazu?	• 1 Streifen Papier, zum Beispiel Faltpapier • 1 Bleistift oder dicker Buntstift
Wie viel Zeit brauchen Sie für die Vorbereitung?	ca. 3 Minuten

Was ist zu tun?   Einen Streifen Papier ausmessen und zuschneiden. Folgende Maße haben sich bewährt:
7 bis 10 cm lang und 3,5 cm breit

Das Trickgeheimnis: Das Papier wird durch blitzschnelles Aufschlagen mit dem angefeuchteten Zeigefinger entfernt. Der Bleistift bleibt auf dem Tisch stehen.
Begründung:
Da jeder Körper das Bestreben hat, in der Lage zu verharren, in der er sich gerade befindet, leistet der Bleistift der schnellen Bewegung Widerstand. Er verharrt an seinem Platz und kippt nicht um.

Darauf sollten Sie achten: Das Aufstellen des Bleistiftes auf den Tisch erfordert Geschicklichkeit. Hierbei kann es hilfreich sein, entweder einen kurzen Bleistift zu wählen oder einen Blei- oder Buntstift mit einem größeren Gesamtdurchmesser. In jedem Fall sollten Sie vorher prüfen, ob der Stift stehen bleibt.

Lernchancen:
- Geschicklichkeit
- Bewegungskoordination

Variationen in der Präsentation: Das Ganze wird effektvoller, wenn die Zauberin wie eine Karatekämpferin kräftig und blitzschnell mit der Kante der rechten Hand auf das Papier schlägt. Dann geht es so:
Man fasst mit einer Hand an das herabhängende Ende des Streifens und zieht dieses vorsichtig stramm. Anschließend schlägt man blitzschnell mit der Außenkante des kleinen Fingers der anderen Hand auf das Papier.

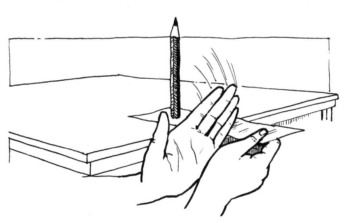

Ideen zu den Requisiten: Anstelle des Blei- oder Buntstiftes kann der Trick auch mit einem Geldstück durchgeführt werden. Man kann mit dem angefeuchteten Zeigefinger von oben auf den Papierstreifen schlagen, so dass er blitzschnell unter der Münze weggezogen wird. Der Rand der gewählten Münze sollte so breit sein, dass sie auf dem Rand stehen bleibt. Das Geldstück sollte so auf den Papierstreifen gestellt werden, dass es im rechten Winkel zur Tischkante steht.

Die klebende Hand

Worum geht es?

Die Zauberin legt ihre Hand flach auf ihren Kopf. Nun bittet Sie einen Zuschauer, die Hand nach oben vom Kopf wegzuziehen. Dies wird ihm nicht gelingen, auch wenn er sonst ein Kraftprotz ist. Applaus für die Zauberin!

Was brauchen Sie dazu? • 1 Stuhl

Wie viel Zeit brauchen Sie für die Vorbereitung?   keine

Was ist zu tun? Die Zauberin legt ihre Hand flach auf ihren Kopf und presst diese fest an. Der Zuschauer fasst ihr Handgelenk oder ihren Unterarm an und zieht nach oben.

Das Trickgeheimnis: Grundlage ist die geschickte Ausnutzung des Hebelgesetzes.
Jeder noch so zarten Person wird dieser Trick gelingen.

Darauf sollten Sie achten: Es kann für die Zauberin eine Hilfe sein, wenn sie ihren Ellenbogen etwas anhebt, so dass ihr Unterarm waagerecht verläuft.

Lernchancen: Jemanden anfassen, anfassen dürfen, sich dabei an die klaren und eng gesetzten Spielregeln zu halten, bietet eine Lernchance im sozial-emotionalen Bereich zwischen Zauberin und Mitspieler. Behutsamkeit, Achtsamkeit, trotzdem die eigenen Kräfte spüren und auch die eigenen Grenzen wahrnehmen, kann eine hilfreiche Erfahrung sein.   *sozial-emotional*

Variationen in der Präsentation:

Variation 1

Die Zauberin hält ihre Hände in der Gebetshaltung. Dabei presst sie ihre Hände flach zusammen, also Handfläche auf Handfläche. Die Aufforderung an einen Zuschauer ist, ihre Hände zu trennen. Dazu darf er die Zauberin an den Ellenbogen oder Handgelenken anfassen und einen gleichmäßigen Zug ausüben. Es wird ihm nicht gelingen.

Gebetshaltung der Hände

Hält die Zauberin einen vom Zuschauer begehrten Zettel zwischen den Händen, so kann dieses die Anstrengungsbereitschaft erhöhen.

zum Beispiel: „Hausaufgaben frei!"

Variation 2

Die Zauberin drückt ihre Zeigefingerspitzen gegeneinander. Ein Mitspieler umfasst die Handgelenke der Zauberin und zieht. Es wird ihm nicht gelingen, die Fingerspitzen auf diese Art und Weise zu trennen.

Zeigefinger

Wichtig: Der Mitspieler darf die Zauberin nur an den Handgelenken halten, sonst hat die Zauberin keine Chance. Auch muss der Zug in Richtung der Ellenbogen der Zauberin gehen, ein seitliches Verschieben der Fingerspitzen ist nicht erlaubt.

Domino-Stein gesucht

Worum geht es?

Es liegt eine beliebige Anzahl Domino-Steine auf dem Tisch. Einer der Zuschauer sucht sich einen Stein aus, ohne ihn der Zauberin zu zeigen. Diese wird nämlich auf magische Weise sowohl die links auf dem Stein stehende als auch die rechts stehende Zahl ermitteln.
Applaus für die Zauberin!

Was brauchen Sie dazu?	• 1 Domino-Spiel
Wie viel Zeit brauchen Sie für die Vorbereitung?	keine

Was ist zu tun? s.o.

Das Trickgeheimnis: Die Zauberin stellt den Zuschauern bestimmte Rechenaufgaben. Anhand des Ergebnisses kann sie die Zahlen auf dem Domino-Stein ermitteln. Alle Rechnungen der Zuschauer werden im Stillen gemacht!

Rechenaufgaben für die Zuschauer
- multipliziere die linke Augenzahl des Steins mit 5;
- zu dem sich daraus ergebenden Ergebnis 3 addieren;
- dieses Ergebnis mit 2 multiplizieren;
- die Augenzahl der rechten Seite des Steines hinzuzählen.

Dieses Ergebnis nennt ein Zuschauer der Zauberin. Im Stillen subtrahiert sie von dieser die Zahl 6. Das Ergebnis verrät ihr nun die Zahlen auf dem Domino-Stein. Da es sich um eine zweistellige Zahl handelt, gibt die erste Ziffer die Augenzahl der linken Seite an. Die zweite Ziffer gibt die Augenzahl der rechten Seite an.

Beispiel
Gewählt wurde der Stein 6/1.
Die Rechnung lautet: 6**x5**=30 / 30**+3**=33 / 33**x2**=66 / 66**+1**=67
Diese Summe wird der Zauberin genannt. Sie zieht davon 6 ab und erhält die Zahl 61. Daran erkennt sie, dass die Augenzahl 6 auf der linken Seite des Steins und die 1 auf der rechten Seite ist.

Darauf sollten Sie achten:
- Es ist sinnvoll, dass alle Zuschauer mitrechnen. Somit liegt die Verantwortung nicht nur bei einem Zuschauer. Zudem sind auf diese Weise alle aktiv einbezogen. — *alle Zuschauer einbeziehen*
- Die einzelnen Aufgaben sollten im Stillen ausgerechnet werden. Bei Mitteilung des Ergebnisses an die Zauberin findet automatisch ein Vergleich der Ergebnisse statt. — *leise rechnen lassen*

Lernchancen:
- Addition im Zahlenraum bis 100
- Subtraktion im Zahlenraum bis 100
- Multiplikation, kleines 1x1
- Transferleistungen; vom Rechenergebnis auf die Augenzahlen des Domino-Steins schließen können

Variationen in der Präsentation: Zur Übung bietet sich dieser Rechentrick auch als Partnerübung oder innerhalb einer Kleingruppe an. Dabei wechselt die Rolle der Zauberin reihum.

Durch eine Postkarte steigen

Worum geht es?

Die Zauberin wettet mit den Zuschauern, dass sie durch eine Postkarte steigen kann. Dazu braucht sie nur ihre magische Schere und die magischen Worte SCHNIPP-SCHNAPP-ZICK-ZACK.
Applaus für die Zauberin!

Was brauchen Sie dazu?	• 1 Postkarte oder Tonpapier in den Maßen 11 x 22 cm • 1 Schere
Wie viel Zeit brauchen Sie für die Vorbereitung?	keine

Was ist zu tun?   Die Postkarte wird entsprechend der Zeichnung gefaltet und eingeschnitten, so dass ein großer Ring entsteht.

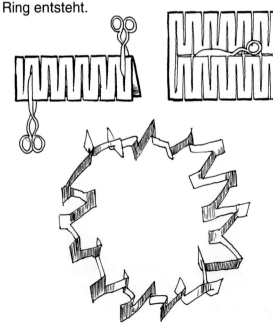

138

Das Trickgeheimnis: Die Postkarte wird an verschiedenen Stellen eingeschnitten. Der so entstandene Ring ist groß genug, um durch ihn hindurchzusteigen.

Darauf sollten Sie achten: Die Größe des Ringes hängt von der Breite der Streifen ab, die Sie in die Postkarte schneiden und von der Größe des gewählten Papiers.

Kindern im Vorschulalter sollten Sie die Schnittlinien vorzeichnen. Zudem fällt es ihnen oft noch schwer, die wechselnden Schnittstellen zu beachten und entsprechend die Postkarten einzuschneiden. Ausreichendes Material für die Versuchsphasen sollte daher zur Verfügung stehen.
Als hilfreich hat sich erwiesen, wenn zunächst die Schnitte auf der einen, dann auf der anderen Seite durchgeführt werden.

Lernchancen:
- auf einer Linie schneiden
- visuelle Wahrnehmung

Variationen in der Präsentation: Dieser Zaubertrick eignet sich auch als Bühnentrick, da die Requisiten groß genug sind, um von allen Zuschauern gesehen zu werden.
Man kann den Trick mit einem Helfer durchführen. In dem Fall empfehle ich eine Clownsfigur in Anlehnung an den „dummen August". Dieser versucht auf allerlei lustige Art, durch die Postkarte zu steigen, aber es gelingt ihm nicht. Die Zauberin zeigt ihm, wie er vorgehen muss.

Zwei Gummiringe

Worum geht es?

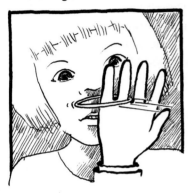

Die Zauberin legt einen blauen Gummiring über ihren Ringfinger und kleinen Finger. Dann macht sie eine Faust, pustet dreimal und streckt die Finger der Hand wieder aus. Der Gummiring ist auf den Zeige- und Mittelfinger gesprungen.
Jetzt lässt sie den Gummiring wieder zurückspringen.
Nun wird es spannend: Sie bildet mit einem roten Gummiring eine Sperre. Kann der blaue Gummiring trotz Sperre seinen Platz wechseln? Na klar, die Zauberin pustet dreimal und der Platz ist gewechselt!
Applaus für die Zauberin!

Was brauchen Sie dazu?	• 2 Gummiringe in unterschiedlichen Farben und unterschiedlichen Größen (einer sollte um zwei Finger einer Hand passen, der andere sollte ca. doppelt so groß sein)
Wie viel Zeit brauchen Sie für die Vorbereitung?	keine

Was ist zu tun?   s.o.

140

Das Trickgeheimnis: **Einfacher Platzwechsel der Gummiringe**

Die Zauberin macht mit der Hand, an deren Fingern sich der Gummiring befindet, eine Faust. Doch während die Faust gemacht wird, kommt die andere Hand zur Hilfe. Die Finger dieser Hand greifen in den Gummiring und ziehen ihn so weit ab, dass kleiner Finger, Ring-, Mittel- und Zeigefinger hineinpassen. Zur Ablenkung pustet die Zauberin auf die gekrümmten Finger der Faust. Jetzt braucht sie die Finger dieser Hand nur noch zu öffnen, dabei die Finger zu spreizen und das Gummiband hat seinen Platz gewechselt. Auf gleiche Weise kann sie das Gummiband wieder zurückhüpfen lassen.

siehe Abbildungen

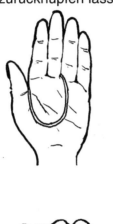 

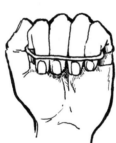 

Platzwechsel mit Sperre

Mit einem andersfarbigen Gummiring macht man eine Sperre um die Finger einer Hand. Die weiteren Schritte sind genau so wie oben beschrieben. Die Sperre stört beim Platzwechsel in keiner Weise.

siehe Abbildung

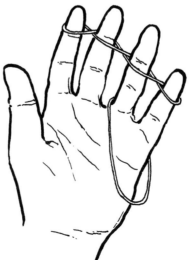

Darauf sollten Sie achten:	Der Bewegungsfluss sollte geübt werden, damit alles locker, leicht und selbstverständlich aussieht.

Zudem sollte man bei der Vorführung stets Reservegummibänder dabei haben.

Lernchancen:
- feinmotorische Fähigkeiten
- Bewegungskoordination

Variationen in der Präsentation:

Bühnentrick

Dieser Zaubertrick eignet sich auch als Bühnentrick. Dabei haben sich Haargummibänder bewährt.

siehe Seite 143

Man kann den Trick mit musikalischer oder sprachlicher Begleitung vorführen. Für letzteres hier ein Beispiel für die Präsentation mit einer Geschichte:

Bienchen und Robertino

(Die Zauberin hält einen Gummiring hoch und erklärt:) Das ist Bienchen. Sie spielt ihrem Freund Robertino gerne einen Streich. Wenn beide mit der U-Bahn fahren, setzt sie sich gerne auf einen Platz, neben dem noch ein freier Platz ist. *(Die Zauberin legt dabei den Gummiring über Zeige- und Mittelfinger einer Hand. Dann deutet sie auf den Mittel- und Ringfinger derselben Hand. Sie erzählt weiter:)* Wenn dann Robertino einsteigt, fragt er sie: „Ist der Platz noch frei?" Sie sagt: „Nein", senkt ihren Kopf *(die Finger werden dabei zur Faust gekrümmt und in das Gummiband gesteckt, s.o.)*, pustet dreimal und zack – sitzt sie auf dem Nachbarsitz.

siehe Abbildung

Robertino kennt die Streiche von Bienchen gut. Er hat heute eine Sperre mitgebracht *(die Zauberin hält einen Gummiring in einer anderen Farbe hoch)*.

„Hallo Bienchen."

„Hey, hallo Robertino! Was machst du denn so früh schon hier?"

„Ich mag deine Streiche nicht mehr, darum habe ich heute eine Sperre mitgebracht *(die Zauberin wickelt den Gummiring um alle vier Finger)*. So, jetzt ist es aus mit deinem Platzwechsel!"

Kaum ist die Sperre angebracht, fragt Robertino sie: „Ist der Platz noch frei?" Bienchen antwortet: „Nö!" Sie senkt ihren Kopf, pustet dreimal und zack – sitzt sie auf dem Nachbarsitz.

Robertino ist verblüfft und sagt voller Bewunderung: „Hey Bienchen, du bist ja wirklich eine kleine Springmaus."

Applaus für die Zauberin!

Ideen für die Requisiten: Statt Gummiringen haben sich in der Praxis Haargummiringe bewährt. Diese sind in Drogeriemärkten in verschiedenen Farben erhältlich. Sie sind durch ihren Baumwollanteil angenehmer für die Finger und für das Publikum auf die Entfernung besser sichtbar.

„Juwelen"

Tricks, die Sie den Kindern nicht verraten sollten

Und das aus gutem Grund: Sie sind so kostbar!
Warum die einzelnen Tricks den „Juwelen" zugeordnet sind, steht immer am Ende jeder Trickbeschreibung.
Einsetzbar sind sie zwischendurch zur Auflockerung oder auch in Vertretungsstunden.

Das Hundert-Spiel

Worum geht es? Es geht um eine Wette. Ziel ist es, zuerst die Zahl 100 zu erreichen.

Was brauchen Sie dazu?
- einen Spielpartner

Wie viel Zeit brauchen Sie für die Vorbereitung? keines

Was ist zu tun?   Zwei Personen sind beteiligt. Abwechselnd werden sie Zahlen von 1 bis 10 nennen und diese dann zu den vorher genannten Zahlen addieren. Dies wird solange wiederholt, bis einer der beiden die Zahl 100 erreicht hat und somit der Gewinner ist.

Das Trickgeheimnis:	Die Zauberin sollte darauf achten, dass sie die folgenden Schlüsselzahlen erreicht: **12 23 34 45 56 67 78 89** Das bedeutet nicht, dass Sie alle Zahlen erreichen müssen. Es ist aber sicherer, schon frühzeitig eine der Zahlen zu erreichen, so dass die danach folgenden Schlüsselzahlen mit Sicherheit von Ihnen getroffen werden können. Auf jeden Fall müssen Sie die Zahl 89 erreichen, sonst können Sie nicht gewinnen.	*Schlüsselzahlen*

Beispiel
Der Mitspieler sagt: 5.
Dann sagen Sie: 7, denn 5+7=**12**
Der Mitspieler sagt: 3 (**12** + 3 = 15)
Dann sagen Sie: 8, denn 15 + 8 = **23**
Der Mitspieler sagt: 9 (**23** + 9 = 32)
Dann sagen Sie: 3, denn 32 + 2 = **34**
usw.

Darauf sollten Sie achten:	• siehe unter „Variationen"
Lernchancen für die Mitspieler:	• Kopfrechnen: Addition im Zahlenraum bis 100

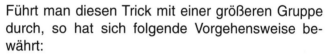

Variationen in der Präsentation:	Führt man diesen Trick mit einer größeren Gruppe durch, so hat sich folgende Vorgehensweise bewährt: Sie, die Zauberin, und Ihr Mitspieler nennen nur die Zahlen, die addiert werden sollen. Die gesamte Gruppe nennt immer die Zwischenergebnisse. So sind alle beteiligt. Aber Vorsicht! Ältere Kinder merken bei mehrmaliger Wiederholung des Tricks, dass Sie bestimmte Zwischenergebnisse immer wieder erreichen. In dem Fall bietet sich ein leises Rechnen bzw. Mitrechnen der Gruppe an. Jeder Mitspieler konzentriert sich auf die Addition, Gelegenheit für „krumme Gedanken" bleibt da nicht. Damit Ihr Trickgeheimnis nicht entdeckt wird, lassen Sie die Mitspieler niemals die Zwischenergebnisse mitschreiben! Sie können dieses Verbot damit begründen, dass es sich hierbei um einen Kopfrechen-Trick handelt.	*nichts schriftlich notieren lassen*
Warum „Juwel"?	Natürlich ist es eine Herausforderung für jedes Kind, jeden Jugendlichen, eine erwachsene Person zu besiegen. Fast jeder aus der Gruppe möchte es vermutlich mit Ihnen aufnehmen. Die anderen rechnen dann jedes Mal leise mit. So können Sie Gruppen über einen längeren Zeitraum zum Rechnen aktivieren, ohne dass sie es merken.	

Das magische Seil

Worum geht es?

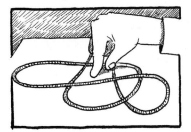

Die Zauberin legt ein dünnes Seil so auf den Tisch, dass eine kleine Schlaufe entsteht. Ein Zuschauer hält einen Finger in die Schlaufe. Die Zauberin zieht an dem Seil und der Finger des Zuschauers ist gefesselt. Ein anderer Zuschauer probiert es ebenso und sein Finger ist nicht gefesselt. Wie ist das nur möglich? Da ist Zauberei im Spiel!

Was brauchen Sie dazu?
- ein ca. 80 cm langes weiches Seil

Wie viel Zeit brauchen Sie für die Vorbereitung?

keine

Was ist zu tun? Knoten Sie die beiden Enden des Seiles zusammen, so dass ein großer Seilring entsteht.

Das Trickgeheimnis: Dieser Trick basiert auf zwei Bewegungen:

1. Der Finger ist nicht gefesselt

Legen Sie die Schlaufe auf den Tisch. Fassen Sie das Schlaufenende B mit der rechten Hand. Führen Sie jetzt das Seil in einem kleinen Bogen nach rechts und anschließend in Richtung des Schlaufenendes A. Nun führen Sie das Schlaufenende B weiter nach links, also über den Seilanfang von A hinweg, so dass in der Mitte ein Viereck entsteht. Der Zuschauer hält nun einen Finger in das entstandene Viereck. Sie ziehen an der Schlaufe B - und das Seil löst sich vom Finger des Zuschauers.

Abbildung 1

Abbildung 2

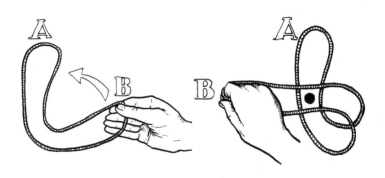

Abb. 1 *Abb. 2*

2. Der Finger des Zuschauers ist gefesselt

Beginnen Sie wie oben beschrieben. Während sich Ihre rechte Hand mit dem Schlaufenende B auf das Schlaufenende A zu bewegt, drehen Sie Ihre Hand um 180°. Dabei dreht sich auch die Seilschlinge. Wieder legt ein Zuschauer einen Finger in das entstandene Viereck. Doch diesmal ist der Finger gefesselt.

Abbildung 3

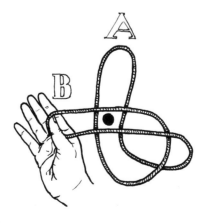

Abb. 3

Darauf sollten Sie achten:	**Zum Seil** Das Seil sollte weich genug sein, damit es sich leicht in die oben abgebildete Form legen lässt. **Zu den Bewegungen** Diese sollten Sie solange üben, bis man die Drehbewegung der Hand als Zuschauer nicht mehr wahrnimmt.
Lernchancen für die Mitspieler:	keine, die besonders hervorzuheben wären
Ideen zu den Requisiten:	Ein Baumwollfaden als Zauberrequisit ist durchaus ausreichend. Weitere geeignete Requisiten sind zum Beispiel eine locker gedrehte Kordel aus Wolle oder Baumwolle oder eine lange Halskette.
Warum Juwel?	Dieser Trick kann Ihnen ein Helfer werden, wenn es darum geht, Ja-Nein-Entscheidungen innerhalb einer Gruppe zu treffen. Vielleicht steht gerade eine Entscheidung an, die Sie gerne in Ihrem Sinne humorvoll entschieden haben möchten. Versuchen Sie es doch einmal mit diesem kleinen Trick als Entscheidungshelfer!

Der Letzte gewinnt

Worum geht es?   Wer von 30 Münzen die letzte nimmt, hat gewonnen.

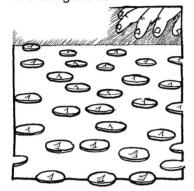

Was brauchen Sie dazu?	• 30 Münzen oder 30 andere kleinere Gegenstände, zum Beispiel von den Zuschauern
Wie viel Zeit brauchen Sie für die Vorbereitung?	keine

Was ist zu tun?   Abwechselnd nehmen Mitspieler und Zauberin eine bis maximal sechs Münzen weg.

Das Trickgeheimnis:	Die Anzahl der Münzen, die Ihr Mitspieler und Sie selbst wegnehmen, muss zusammen 7 ergeben. Das ist Ihr Geheimnis! Aber Vorsicht, es gibt noch einen Zusatz:	*so gewinnen Sie*

Immer wenn Sie beginnen, nehmen Sie zuerst 2 Münzen weg. Danach ist der Ablauf wie oben beschrieben.

Immer wenn der Mitspieler beginnt, müssen Sie im Laufe Ihrer Spielzüge zwei Münzen zusätzlich wegnehmen. Entscheidend ist nämlich, wer am Zug ist, wenn nur noch 7 Münzen auf dem Tisch liegen.

Ist Ihr Mitspieler am Zug, gewinnen Sie. Und nur dann gewinnen Sie. Um diese Situation zu erreichen, sind die beschriebenen Züge notwendig!

Beispiel 1

Sie beginnen.   *Sie beginnen*
Sie nehmen 2 Münzen weg.
Der Mitspieler nimmt 6 Münzen weg.
Sie nehmen 1 Münze weg. (Begründung: 6+1=7)
Der Mitspieler nimmt 4 Münzen weg.
Sie nehmen 3 Münzen weg. (Begründung: 4+3=7)
Der Mitspieler nimmt 1 Münze weg.
Sie nehmen 6 Münzen weg. (Begründung: 1+6=7)
Nun liegen nur noch 7 Münzen auf dem Tisch. Der Mitspieler ist am Zug. Damit haben Sie gewonnen, denn Sie werden in jedem Fall die letzte Münze nehmen.

Beispiel 2

Der Mitspieler beginnt.   *der Mitspieler beginnt*
Der Mitspieler nimmt 4 weg,
also nehmen Sie 3 weg plus der 2 Münzen, die Sie als Beginnende weggenommen hätten.
Der Mitspieler nimmt 5 weg,
also nehmen Sie 2 weg.
Der Mitspieler nimmt 6 weg,
Sie nehmen 1 weg.
Nun liegen wie in Beispiel 1 nur noch 7 Münzen auf dem Tisch und der Mitspieler ist am Zug. Sie werden in jedem Fall gewinnen.

Darauf sollten Sie achten:	Sobald einer der Zuschauenden sich die jeweils weggenommenen Münzen notiert, ist Ihr Geheimnis in Gefahr. Initiieren Sie deshalb die Zaubersituation so, dass keiner mitschreibt oder mitschreiben kann.	*nichts mitschreiben lassen*

Lernchancen für die Mitspieler:	• schnelles Erfassen der Mengen 1-6 • problemlösendes Denken • genaues Beobachten	

Variationen in der Präsentation:

Variation 1

Es hat sich bewährt, bei jüngeren Mitspielern statt der Münzen Gegenstände von allen Mitspielern zu nehmen und diese in die Kreismitte legen zu lassen. Somit ist eine emotionale Beteiligung aller eher gegeben. Die Erfahrung hat gezeigt, dass die Zuschauenden so auch dann das Geschehen aufmerksam verfolgen, wenn sie nicht der ausgewählte Mitspieler sind (Wann wird mein Gegenstand weggenommen?).

jüngere Mitspieler

Variation 2

Dieser Trick lässt sich auch gut auf dem Tageslichtprojektor vorführen. Somit sind alle Schritte für alle Teilnehmer sichtbar. Hierbei müssten jedoch in jedem Fall kleine Gegenstände wie Münzen oder Spielmarken benutzt werden.

viele Mitspieler einbeziehen

Warum „Juwel"?

Sie können mit diesem Trick eine Gruppe über einen längeren Zeitraum zum Mitdenken aktivieren.

Eine unglaubliche Vorhersage

Worum geht es?

Die Zauberin kann das Ergebnis einer Additionsaufgabe vorhersagen.
Dazu bittet sie einen Zuschauer zur Tafel zu kommen. Die anderen Zuschauer sollen diesem drei beliebige Zahlen zurufen, welche der Zuschauer nebeneinander auf die Tafel schreibt.
Die Zauberin schreibt nun etwas auf einen Zettel, faltet diesen zusammen und gibt ihn vertrauensvoll einem Zuschauer mit der Bitte, ihn solange zusammengefaltet zu lassen, bis die Zauberin ihm ein Zeichen zum Auseinanderfalten gibt.
Jetzt schreibt der Mitspieler zwei weitere beliebige dreistellige Zahlen unter die erste dreistellige Zahl. Die Zauberin ihrerseits schreibt anschließend auch zwei dreistellige Zahlen unter die des Mitspielers. Zum Schluss werden alle Zahlen vom Zuschauer, natürlich mit Hilfe der anderen Zuschauer addiert.
Der Zettel wird nun geöffnet: Die Zauberin wusste das Ergebnis bereits, bevor alle zu addierenden Zahlen bekannt waren. Das Ergebnis der Addition steht auf dem Zettel!

Was brauchen Sie dazu?
- Tafel
- Kreide
oder
- Papier und Stift

Wie viel Zeit brauchen Sie für die Vorbereitung?

keine

Was ist zu tun?

Dreistellige Zahlen werden untereinander geschrieben und addiert. Sie schreiben das Ergebnis der Rechnung bereits auf einen Zettel, nachdem lediglich die erste dreistellige Zahl an die Tafel geschrieben wurde.

154

Das Trickgeheimnis: So berechnen Sie immer das Ergebnis, das Sie auf den Zettel schreiben:
Wurde Ihnen von den Zuschauern zum Beispiel die Zahl **369** genannt, so ziehen Sie von der Einerstelle 2 ab, sie erhalten dann die Zahl 367. Vor diese Zahl setzen Sie die 2. Das Ergebnis wird demnach **2367** sein. Diese Schritte sind immer in gleicher Weise durchzuführen.

So erhalten Sie die vermeintlich „beliebigen" dreistelligen Zahlen der Zauberin, die Sie, die Zauberin, an die Tafel schreiben:
Alle Zahlen des Mitspielers müssen von Ihnen immer bis 9 ergänzt werden. Der Mitspieler schreibt zum Beispiel die Zahl 491, dann rechnen Sie 4+?=9; 9+?=9, 1+?=9. So erhalten Sie die dreistellige Zahl 508. Diese würden Sie in unserem Beispiel als Ihre „ausgedachte" Zahl zu der Rechnung hinzufügen.

Beispiel
zugerufene Zahl:	**369**
1. Zahl des **Mitspielers:**	491
2. Zahl des **Mitspielers:**	725
Zauberin schreibt:	508
Zauberin schreibt:	274
	2367

Mit der zweiten Zahl des Zuschauers verfährt die Zauberin in gleicher Weise. Bezogen auf das obige Beispiel heißt das: 7+?=9; 2+?=9; 5+?=9. So erhält man die Zahl 274, die von Ihnen, der Zauberin der Rechnung hinzugefügt wird.

Grundlage für die erste Zahl der Zauberin ist demnach immer die erste dreistellige Zahl des Mitspielers, in unserem Beispiel die 491. Grundlage für die zweite Zahl der Zauberin ist stets die zweite dreistellige Zahl des Mitspielers, hier also 725.

Darauf sollten Sie achten:  Der Trick sollte nicht zu oft hintereinander wiederholt werden, um sein Geheimnis zu schützen.

Lernchancen für die Mitspieler: siehe Variationen

Variationen in der Präsentation: Man kann dieses Schema übertragen auf höhere und niedrigere Zahlenräume. Somit ist es möglich, die Lernanforderungen den Lernausgangslagen der Mitspieler anzupassen.

Beispiel mit vierstelligen Zahlen

1. zugerufene Zahl:	**1631**
2. Zahl des **Mitspielers**:	2574
3. Zahl des **Mitspielers**:	3682
Zauberin schreibt:	7425
Zauberin schreibt:	<u>6317</u>
	21629

Ermittlung des Ergebnisses, nachdem die erste Zahl aufgeschrieben wurde: 1631 - 2 = 1629
Die 2 wird der Zahl vorangestellt.
Das vorausgesagte Ergebnis ist 21629.

Beispiel mit zweistelligen Zahlen

1. zugerufene Zahl:	**52**
2. Zahl des **Mitspielers**:	33
3. Zahl des **Mitspielers**:	71
Zauberin schreibt:	66
Zauberin schreibt:	<u>28</u>
	250

Ermittlung des Ergebnisses, nachdem die erste Zahl aufgeschrieben wurde: 52 - 2 = 50
Die 2 wird der Zahl vorangestellt.
Das vorausgesagte Ergebnis ist 250.

Sollten die Mitspieler neugierig geworden sein auf einen weiteren Rechentrick, so eignet sich als Anschlusstrick der Zaubertrick „Domino-Stein gesucht". Hier werden die Mitspieler wieder selbst zu Zauberern.

Tipp

siehe Seite 136

Warum Juwel? Durch diesen Zaubertrick können Sie alle Mitwirkenden über einen längeren Zeitraum zum Rechnen und Mitdenken aktivieren.

Wer nimmt das letzte Streichholz?

Worum geht es?

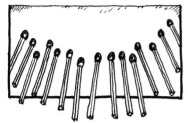

Es handelt sich hierbei um eine Wette zwischen zwei Personen:
Wer das letzte von 15 Streichhölzern nimmt, hat verloren.
Wenn die Zauberin möchte, gewinnt sie jedesmal, auch wenn sich der Mitspieler noch so sehr anstrengt.

Was brauchen Sie dazu?
- 15 Streichhölzer

Wie viel Zeit brauchen Sie für die Vorbereitung?

keine

Was ist zu tun? Abwechselnd nimmt jeder ein, zwei oder drei Streichhölzer weg.

| Das Trickgeheimnis: | Für die Zauberin sind die Zahlen **13, 9, 5** wichtig. Nachdem der Mitspieler 1, 2 oder 3 Streichhölzer von den 15 Hölzern weggenommen hat, nimmt die Zauberin nur so viele Streichhölzer weg, bis auf dem Tisch **13** Hölzer für den Mitspieler liegen bleiben. Falls dies nicht möglich ist, so sollte sie in der nächsten Runde anstreben, **9** Streichhölzer für den Mitspieler liegen zu lassen. Wenn es ihr gelingt, dem Mitspieler zuletzt **5** Hölzer übrig zu lassen, gewinnt sie immer. | *Schlüsselzahlen* |

Beispiel

Der Mitspieler beginnt und nimmt von den 15 Streichhölzern 3 weg. Es liegen nun 12 Hölzer auf dem Tisch. Um auf die 9 zu kommen, müssen Sie auch 3 Hölzer wegnehmen. Der Mitspieler nimmt anschließend 3 Hölzer weg. Es bleiben für Sie 6 Hölzer liegen. Um auf die Schlüsselzahl 5 zu kommen, müssen Sie nun 1 Streichholz wegnehmen. Nun hat der Mitspieler keine Chance mehr zu gewinnen, er wird in jedem Fall das letzte Streichholz nehmen müssen.

der Mitspieler beginnt

Am einfachsten ist es allerdings, wenn die Zauberin beginnt. Dann kann sie gleich auf die 13 Streichhölzer kommen, die für den Mitspieler liegen gelassen werden sollen.

die Zauberin beginnt

| Darauf sollten Sie achten: | Dieser Trick sollte nicht zu oft hintereinander gezeigt werden, da einzelne Zuschauer dadurch die Schlüsselzahlen erkennen könnten. Dies kann insbesondere dann der Fall sein, wenn die Zahlen von Zuschauern mitgeschrieben werden. | *nichts mitschreiben lassen* |

| Lernchancen für die Mitspieler: | • schnelles Erfassen der Mengen 1, 2 und 3
• problemlösendes Denken
• genaues Beobachten | |

| Ideen zu den Requisiten: | • Dieser Trick eignet sich zur Darbietung auf einem Tageslichtprojektor. Somit kann man ihn einer größeren Gruppe präsentieren und jeder kann das Geschehen verfolgen und mitdenken.
• Hat man keinen Tageslichtprojektor zur Verfügung, eignet sich als Sozialform der Stuhlkreis. In dessen Mitte wird gespielt. Zur Vergrößerung des Ganzen kann auch mit Gegenständen der Zuschauer gespielt werden. | *Vergrößerung des Trickgeschehens* |

| Warum „Juwel"? | Mit diesem Zaubertrick können Gruppen über einen längeren Zeitraum zum Mitdenken aktivieren. | |

Was nützlich ist

Nachfolgend finden Sie Bastel- und Nähanleitungen sowie Kopiervorlagen zu all den Dingen, die für Ihren Zauberunterricht und die Zaubervorführung der Kinder nützlich und effektvoll sein können.

Außerdem sollen die Literatur-Empfehlungen den Leserinnen und Lesern Tipps geben, in welchen Büchern sie weitere geeignete Zaubertricks finden können.

Zauber-Zubehör

Das Drum und Dran ist beim Zaubern ebenso wichtig wie die Zaubertricks als solche.

So sollte zuerst der Zaubervertrag unterschrieben sein, bevor man in Geheimnisse der Zauberei eingeweiht wird. Ebenso sollten Zauberlehrlinge die Zauberregeln kennen und diese einhalten. Kopiervorlagen hierzu finden Sie nachfolgend.

Des Weiteren ist es nützlich, seine Zauberrequisiten zusammen zu halten. Dazu eignet sich am besten ein selbst gestalteter Zauberkasten. In diesen legt man auch den wertvollen Zauberstab mit seiner Zauberkraft. Bastelanleitungen zu beidem sind in diesem Kapitel zu finden.

Zur Garderobe eines Zauberers gehören ein Zauberumhang sowie ein Zauberhut. Näh- und Bastelanleitungen sind ebenfalls in diesem Kapitel nachzulesen.

Zaubervertrag

Ich verrate nichts!

Zauberregeln

1. Verrate <u>niemals</u> einen Trick.

2. Führe nur solche Tricks durch, die du <u>gut</u> kannst.

3. Der Abstand zwischen Zaubertisch und Zuschauern sollte <u>3 Meter</u> betragen

Zauberstab

Was brauchen Sie dazu?
- 1 Blatt weißes DIN A 4 Papier
- Klebestift
- Pinsel
- schwarze Farbe
- 2 Wäscheklammern pro Zauberstab

Was ist zu tun? Man nimmt das DIN A 4 Blatt und rollt es wie abgebildet auf. Die Längskante der Papierrolle wird mit Klebstoff bestrichen, die Klebenaht wird angedrückt. Zum Schluss wird das Mittelteil schwarz angemalt.

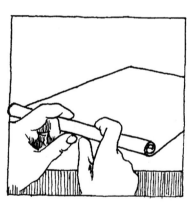

Darauf sollten Sie achten: **Zum Aufrollen**
 Zur Erleichterung kann das Papier um einen Stift herum gewickelt werden, den man vor dem Zusammenkleben herausrutschen lässt. Aber Achtung: Rollen Sie das Papier nicht zu stramm um den Stift, es kann sonst schwierig werden, ihn wieder herauszubekommen. *Tipp*
Es haben sich auch folgende Vorgehensweisen bewährt:
- das Papier aufrollen, dann umdrehen und nun den Zauberstab wie oben beschrieben rollen.
- Zu Beginn ca. 1 cm an der Längsseite des Blattes umknicken.

Zum Anmalen
Sie sollten ausschließlich wasserfeste Farben verwenden. Die Farbe löst sich sonst zu leicht durch den Handschweiß und bleibt an den Händen haften.

Lernchancen:
- feinmotorische Fähigkeiten beim Aufrollen des Papiers sowie beim Anmalen des Zauberstabes

Ideen zu den Requisiten:

Trocknen der Zauberstäbe
- Zum Trocknen der Stäbe haben sich Wäscheklammern als Auflagefläche bewährt. Man braucht 2 Klammern für einen Zauberstab. Die Klammern werden auf die Unterlage gelegt, die nicht angemalten weißen Enden des Zauberstabes werden auf die Klammern gelegt. So „schwebt" der angemalte Mittelteil zum Trocknen in der Luft.

Tipp

Material
- Rundstäbe eignen sich ebenso als Zauberstäbe. Dazu haben sich solche mit einem Durchmesser von 1cm und einer Länge von 25-30 cm bewährt.
- Auch Besenstiele, die man auf die gewünschte Länge zurecht sägt, sind geeignet.

Tipp

Ich bevorzuge mittlerweile Zauberstäbe aus Papier. Dieses aus mehreren Gründen:
1. geringer Kostenaufwand;
2. problemlose Materialbeschaffung;
3. wer andere damit schlägt, hat selbst den Schaden, denn der Stab knickt um, die Knickstelle bleibt sichtbar;
4. Herausforderung zum behutsamen und achtsamen Umgang mit dem knickanfälligen Zauberstab.

Hinweis

Zauberkasten

Was brauchen Sie dazu?
- 1 Schuhkarton so groß, dass der Zauberstab hinein passt

Was ist zu tun?
- Bekleben oder bemalen des Schuhkartons

Tipp:
Seite 171
Zauberbilder

Darauf sollten Sie achten:
Der Schuhkarton sollte nicht zu klein sein, da sonst einige Zauberutensilien wie zum Beispiel die Bildkarten nicht unversehrt hinein passen. Auch müsste in dem Fall der Zauberstab der Länge des Kartons angepasst werden.

Lernchancen:
- Phantasie und Kreativität entwickeln bei der Ausgestaltung des Zauberkastens
- Ordnung halten als sinnvoll erleben
- Ordnung halten üben

Idee zu dem Requisit:
In Kaufhäusern sind manchmal recht günstig kleine Kinderkoffer zu erhalten. Diese bieten sich als Zauberkoffer an.

Zauberumhang

Was brauchen Sie dazu?
- dünnen, weich fallenden Glitzerstoff in den Maßen 130 cm lang und 150 cm breit.
- Schere
- Stecknadeln
- Nadel und Nähgarn
- 1 Kordel 130 cm lang
- 1 Sicherheitsnadel

Was ist zu tun?
- Die Breite des Stoffes entspricht der Breite des Zauberrumhanges. Nähen Sie ggf. die Kanten an den Breitseiten um.
- Machen Sie an einer Längsseite einen Stoffumschlag von 20 cm Länge für den Kragen. Steppen Sie diesen am Kragenende doppelt ab, so dass Sie einen Tunnel für die Kordel erhalten.
- Ziehen Sie mit Hilfe einer Sicherheitsnadel die Kordel durch den Tunnel.

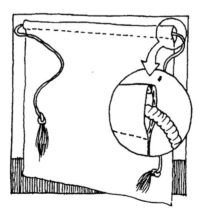

Darauf sollten Sie achten:
Es hat sich bewährt, in die Kordel einen Doppelknoten zu machen. Dabei ist die Kragenweite so zu bemessen, dass alle Zauberlehrlinge den Umhang problemlos über ihren Kopf ziehen können. Sie ersparen sich durch diese Maßnahme ein wiederholtes lästiges Durchziehen der Kordel durch den Tunnel.

Tipp

Idee:
Zur Faschingszeit werden in den Kaufhäusern viele Glitzerstoffe angeboten. Diese sind sehr effektvoll.

167

Zauberhut

Was brauchen Sie dazu?

- 1 Bogen farbiges Tonpapier in den Maßen 50x70 cm
- Bleistift
- Lineal
- Heftzwecke
- Faden, ca. 50 cm
- Schere
- Alleskleber
- Glitzerfolie o.ä. zum Verzieren
- Hutgummiband

Was ist zu tun?

- Markieren Sie mit einem kleinen Knick die Hälfte einer der Schmalseiten.
- Stellen Sie sich mit Hilfe des Fadens und der Heftzwecke einen selbst gemachten Zirkel her.
- Befestigen Sie nun den Bleistift in 40 cm Entfernung von der Heftzwecke. Diese befestigen Sie an dem kleinen Knick, also der Hälfte der Schmalseite.
- Ziehen Sie nun mit gespanntem Faden und dem Bleistift einen Bogen von Längsseite zu Längsseite des Tonpapiers.
- Mit dem Lineal verbinden Sie anschließend die beiden Bogenenden mit der Heftzwecke.
- Schneiden Sie das Segment aus, machen Sie einen Kegel daraus und kleben Sie die Seiten fest.
- Jetzt gilt es nur noch, den Hut zu verzieren.

Darauf sollten Sie achten:

Lässt man den Hut bemalen, sollte man darauf achten, dass die Zauberlehrlinge den Bogen des Papiers als Grundlinie betrachten. Andernfalls stehen beim Zusammenkleben der Längsseiten die Zeichnungen ggf. auf dem Kopf.

Lernchancen:

- feinmotorische Fähigkeiten

Ideen zu dem Requisit:

Möchte man einen Lehrlings-Zauberhut herstellen,
- so verfährt man wie oben beschrieben und reduziert nur die Länge des Hutes
oder
- man nimmt eine kleine Schale als Vorlage für einen Kreis, schneidet diesen bis zur Mitte ein und formt daraus einen Kegel
oder
- man halbiert den ausgeschnittenen Kreis und formt daraus zwei Kegel, d.h. zwei kleine Zauberhüte.

siehe Seite 44: Präsentationshilfen

Damit der Hut nicht so schnell vom Kopf rutscht empfehle ich Ihnen, Hutgummiband an zwei gegenüber liegenden Seiten zu befestigen. Man kann mit einem Bürolocher auf einfache Weise Löcher in der Karton stanzen. Verstärkungsringe verhindern das schnelle Einreißen der Löcher.

Hutgummiband

Bei den Tricks in vorliegendem Buch wird der Zauberhut als Zauberrequisit nicht benötigt.

Hinweis

Zauber-Bilder

Bilder mit Motiven, die man allgemein mit dem Zaubern verbindet, eignen sich zum Bekleben des Zauberkastens oder zur Gestaltung von Kleinplakaten und Einladungen für Zaubervorstellungen. Vielleicht sind die hier aufgeführten Bilder aber auch eine Anregung für Sie, nach weiteren Bildern Ausschau zu halten, und für Ihre Zauberlehrlinge, sie auszumalen oder Zauberbilder zu entwerfen mit selbst gestalteten Motiven.

© 2002 borgmann publishing, Dortmund • aus: Busse, Zauberhaftes Lernen, Bestell-Nr. 8317

Ein Gespenst hat sich in diesem Bild versteckt.
Kannst du es entdecken?

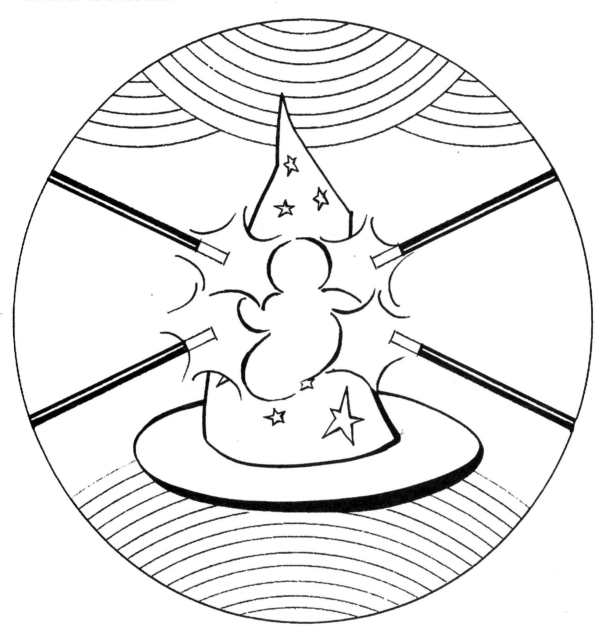

Auflösung:

© 2002 *borgmann publishing*, Dortmund • aus: Busse, Zauberhaftes Lernen, Bestell-Nr. 8317

Literatur-Hinweise

Sämtliche in diesem Buch dargestellten Zaubertricks gehören zum sogenannten Allgemeingut in der Zauberei. Das bedeutet, dass es sie teilweise schon seit mehr als 200 Jahren gibt und ihr Ursprung nicht bekannt ist.

Damit Sie Ihren Fundus an Zaubertricks noch erweitern können, sind nachfolgend solche Zauberbücher aufgeführt, deren Tricks ebenfalls diesem Allgemeingut der Zauberei entsprechen. Vor dem Hintergrund des angeeigneten „Zauberwissens" sind Sie nun in der Lage, weitere geeignete Zaubertricks für Ihre Lerngruppe auszuwählen und die damit einhergehenden Lernchancen wahrzunehmen und zu nutzen.

Bücher, die für die Ausführungen im Kapitel „Denkentwicklung und Magie" grundlegend waren sind hier ebenso aufgeführt wie Artikel aus Fachzeitschriften zum Zaubern mit Kindern.

Des Weiteren finden Sie Bücher für die Hand der Kinder oder zum Vorlesen. Diese enthalten Geschichten rund um das Zaubern. Lieder zum Thema „Zaubern" finden Sie in den aufgelisteten Liederbüchern.

Liebe Eltern,
vergisst nicht, dass Eure Kinder eure Zukunft sind !
Konditioniert sie stets so, dass sie die Zukunft
- - die eine ganz andere sein wird, als es Eure war - -
ertragen können, die Ihr so liebevoll und vorbildlich
fürsorgevoll, schon heute für sie schafft.

Zauberbücher
benutzte und weiterführende

Für die Arbeit mit Kindern
In diesen Büchern finden Sie geeignete Zaubertricks für Kinder. In dem Buch von HARDY sind zudem viele Tricks mit einem passenden Reim versehen.

Hardy (1992; dt. 1998)
Hardys Zauberschule. München (Bertelsmann).

Michalski, Martin (1966; 2001)
Das neue Zauberbuch: tolle Tricks mit kleinen Dingen. Bergatreute (Eppe).

Michalski, Martin & Keiler, Ilse (1978; 1996)
Zauberbuch für Kinder. Ravensburg (Ravensburger).

Schenk, Uwe & Sondermeyer, Michael (2001)
Hokus Pokus Fidibus. Niedernhausen/Ts (Falken).

Tipp:
Fragen Sie in einer Bücherei nach Zauberbüchern. Es gibt eine große Anzahl von geeigneten Zauberbüchern, die leider im Buchhandel vergriffen sind wie zum Beispiel die Folgenden:

Dachale, Helmut (1986)
Zauberhaftes für kleine Leute. Offenbach (Burckhardthaus-Laetare).

Majax, Gérard (1978)
Kinder können zaubern. Ravensburg (Ravensburger).

Michalski, Martin (1986)
Jetzt kann ich zaubern. Ravensburg (Ravensburger).

Sperling, Walter (1957)
Das Faxenbuch. München (Pfeiffer).

Waldmann, Werner (1987)
Zaubern kann ich. Zürich (Orell Füssli).

Für Erwachsene
Sollten Sie nach anspruchsvolleren Zaubertricks suchen, vielleicht auch für den privaten Bedarf, so empfehle ich Ihnen nachfolgend aufgelistete Bücher.

In dem Buch von Martin Michalski finden Sie neben zahlreichen Zaubertricks Interessantes zur Geschichte der Magie sowie Hinweise für das professionelle Zaubern. Außerdem werden Sie informiert darüber, wie man Zauberkünstler wird. Dieses Buch zählt zu den Standardwerken für Zauber-Interessierte.

Das Buch von Johann Merlin wendet sich an Anfänger und Fortgeschrittene. In gesonderten Kapiteln führt er Zaubertricks für Kinder sowie für Zauberanfänger auf. Alexander Adrion verrät in seinem Buch neben Zaubertricks interessante kulturhistorische Aspekte der Magie.

Michalski, Martin (2001)
Das große Buch vom Zaubern. Rastatt (Moewig).

Merlin, Johann (1991)
Zaubertricks für Anfänger und Fortgeschrittene. Niedernhausen (Falken).
(im Buchhandel leider vergriffen, fragen Sie in der Bücherei nach)

Stutz, Friedrich (1979)
Falken-Handbuch Zaubern. Niedernhausen (Falken).
(im Buchhandel leider vergriffen, fragen Sie in der Bücherei nach)

Adrion, Alexander (1978)
Die Kunst zu ZAUBERN. Köln (DuMont)
(im Buchhandel leider vergriffen, fragen Sie in der Bücherei nach)

Zauber-Pädagogik
benutzte und weiterführende Literatur

Zur Theorie: Denkentwicklung und Lernmotivation
Wer sich eingehender mit diesen Bereichen auseinandersetzen möchte, dem seien folgende Bücher empfohlen, die auch für die Ausführungen in den Kapiteln „Denkentwicklung und Magie" und „Lernchance: Zaubern" Grundlage waren:

Montada, Leo (1998)
Die geistige Entwicklung aus der Sicht Jean Piagets.
In: Oerter, Rolf & Montada, Leo (Hrsg.) (1982, 1998^4)
Entwicklungspsychologie. Weinheim (Psychologie Verlags Union).

Sodian, Beate (1998)
Entwicklung bereichsspezifischen Wissens.
In:Oerter, Rolf & Montada, Leo (Hrsg.) (1982, 1998^4)
Entwicklungspsychologie. Weinheim (Psychologie Verlags Union).

Aebli, Hans (1983, 1994^8)
Grundlagen des Lehrens. Stuttgart (Klett-Cotta)

Zum Zaubern, pädagogisch betrachtet:

Hagstedt, Herbert
Zaubern kann jedes Kind – Irritationen und Faszination um Naturphänomene
In: **Zeitschrift Grundschule** 7/8 **1986**

Heimplatz, Andrea/ Lübke, Volker
Zaubern mit Kindern
In: **Praxis Spiel und Gruppe**, 2/1989

Helten, Peter
Zaubern mit Kindern
unveröffentlichtes Manuskript zum workshop „Zaubern" des Kölner Spielecircus im Mai 1993.

Mudrack, Anne
„Die Zauberprüfung" Sprachförderung in einer Fördergruppe
 in: **Zeitschrift für Heilpädagogik** 4/97

Neutert, Natias
Von Zauberern, Clowns und Pantomimen
in: **Zeitschrift spielen und lernen** 9/ 90

Schröder, Ch.-J.
Abra-Kadabra ... Zaubern in der Schule
in: **Zeitschrift Pädagogik heute**, Oktober 1986

Vonderberg, Anna/ Peters, Michael
Zaubern in der Schule
in: **Grundschulmagazin** 3/1999

Zaubergeschichten

Bücher, auch zum Vorlesen
Die nachfolgenden Bücher sind zum Vorlesen geeignet. Bei der Geschichte von „Hexe Lilli" handelt es sich um eine Hexe, die eines Tages ein Zauberbuch neben ihrem Bett findet. In dem Buch „Hokus Pokus Julius" geht es um einen Jungen, der unbedingt ein großer Zauberer werden will. Bei seinen Zauberversuchen geht so manches schief. Schließlich verrät ihm sein Vater, dass er zum Zaubern noch etwas wichtiges braucht, nämlich einen Freund. „Der Zauberlehrling" kann auch Kinder heute noch begeistern. Ein Tipp: Die Geschichte eignet sich gut, um sie als Theaterstück vorzuführen.

Knister (1994,1999)
Hexe Lilli macht Zauberquatsch. Würzburg (Arena).

Madsen, Ross Martin (1992)
Hokus Pokus Julius. Halle (Postreiter).

Goethe, Johann Wolfgang von
Der Zauberlehrling. Erschienen in divers. Verlagen, u.a. bei ars edition 1992.
Videotipp: In dem mittlerweile zum Klassiker gewordenen Film **Fantasia** von W. Disney finden Sie eine sehr ansprechende filmische Darstellung des Zauberlehrlings. Micky Maus ist darin der Zauberlehrling.

Kleine Bücher, die jüngere Schulkinder selbst lesen können

Reif, Marbeth (1995)
Quiesel zaubert. Frankfurt/M. (Diesterweg).

Arnold, Katrin (1991)
Florian kann zaubern. Frankfurt/M. (Diesterweg).

Krüss, James (1997)
Der Zauberer Korinthe. Reihe: Lesemaus. Hamburg (Carlsen)

Zauberlieder

Lieder rund um das Zaubern sind geeignet als ritualisierter Beginn einer Zauberstunde oder auch für die Zaubervorführung. Vielleicht sind die hier aufgeführten Lieder auch eine Anregung für Sie, nach weiteren Ausschau zu halten oder zu bekannten Melodien selbst Zaubertexte zu entwerfen.
Die ersten drei der nachfolgenden Lieder sind sowohl für Kinder im Kindergartenalter als auch für jüngere Grundschulkinder geeignet. Die weiteren Lieder sind für Grundschulkinder ebenso geeignet wie für ältere Kinder.

Jöcker, Detlef (1991)
Schrippel-Schrappel-huckebein
In: **1,2,3 im Sauseschritt.** Liedspielbuch, Münster (Menschenkinder Verlag)

Jöcker, Detlef (1994)
Wenn wir zaubern
In: **Elefantis Liederwiese.** Liedspielbuch, Münster (Menschenkinder Verlag)

Klöppel, Renate/ Vliex, Sabine (1992)
Riese, Zwerg und Zauberer
In: **Helfen durch Rhythmik.** Freiburg im Breisgau (Herder)

Janosa, Felix (1996)
Der große Santorini
In: **Die singende Hyäne.** Lilienthal/Bremen, (Eres Edition)

Vahle, Frederik (1995)
Hokus Pokus Fidibus
In: **Der Wüstenfuchs.** Düsseldorf, (Patmos Verlag)

Raum für Notizen:

Raum für Notizen: